웹디자이너
어떻게
되었을까
?

꿈을 이룬 사람들의 생생한 직업 이야기 31편
웹디자이너 어떻게 되었을까?

1판 1쇄 찍음 2021년 3월 12일
1판 2쇄 펴냄 2022년 4월 25일

펴낸곳	㈜캠퍼스멘토
저자	오승훈
책임 편집	이동준 · 북커북
진행 · 윤문	북커북
연구 · 기획	오승훈 · 이사라 · 박민아 · 국희진 · 김이삭 · ㈜모야컴퍼니
디자인	㈜엔투디
마케팅	윤영재 · 이동준 · 임소영
교육운영	문태준 · 이동훈 · 박홍수 · 조용근
관리	김동욱 · 지재우 · 임철규 · 최영혜 · 이석기 · 신숙진 · 김지수
발행인	안광배

주소	서울시 서초구 강남대로 557 (잠원동, 성한빌딩) 9층 ㈜캠퍼스멘토
출판등록	제 2012-000207
구입문의	(02) 333-5966
팩스	(02) 3785-0901
홈페이지	http://www.campusmentor.org

ISBN 978-89-97826-58-2(43000)

현직
웹디자이너들을
통해 알아보는
리얼 직업
이야기

웹디자이너
어떻게

How did they become
web designers?

되었을까?

CampusMentor
캠퍼스멘토

" 도움을 주신 웹디자이너들을 소개합니다 "

안송이 웹디자이너

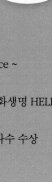

- 현) 라이트브레인 수석디자이너
- 학점은행제 시각디자인 학사 취득
- 동성제약 동성 기프코 Online Commerce ~
- 서울예술대학 시각디자인과 졸업
- 앤어워드 2019 GRAND PRIX 수상- 한화생명 HELLO
- 앤어워드 2017 GRAND PRIX 수상
- 앤어워드 2014 GRAND PRIX 수상 외 다수 수상

송아미 웹디자이너

- 현) IT 커리어 콘텐츠 서비스 서핏 제품 제작 총괄
- 디지털 프로덕트 스튜디오 Ami Studio 운영
- 유니온풀 리드 디자이너
- 팝콘파이브 UI/UX 디자이너
- 저서-『처음 만나는 피그마』
- [스펙트럼 데이 온라인 토크] 우리가 피그마를 쓰고 있는 이유 외 다수 강연

박혜진 웹디자이너

- 현) 대학내일 E-Biz팀 웹 디자인
- 이랜드 외식 사업부 브랜딩 디자인
- 숙명여자대학교 디자인학부 전공
- 숙명여자대학교 시각영상디자인과 최우수 졸업작품상
- 한국언론진흥재단 뉴스 저작권 보호 광고 공모전 최우수상
- 한국관광공사, 강원랜드 등 공모전 다수 입상

고은비 웹디자이너

- 현) 대기업 인하우스(한컴, 카카오 계열사 등)
  현) 에이전시 근무 / 프리랜서 활동
- 브랜드 리뉴얼
- '모노비디자인' 설립
- KT 채용 사이트(kt recruit)
  웹 어워드 코리아 서비스부문 최우수상

석온슬 웹디자이너

- 현) Ringle(링글잉글리시에듀케이션)
  Product designer
- Upgrade, Inc. Interaction designer intern 석사
- Academy of Art University Web & New Media
- 모션그래픽 스튜디오 'Dpub'
  2D/3D 모션그래픽 디자이너
- 영남대학교 시각디자인학과 졸업

사보미 웹디자이너

- 현) 컨슈머브릿지 APP, WEB 디자인
- 스타일쉐어 APP, WEB 디자인
- 이화여대연구실 AI 법률정보 시스템 'U-LEX'
  UI디자인
- UX디자인동아리 'UCOX' 개설 & 운영

이 책의 구성

Chapter 1

웹디자이너, 어떻게 되었을까?

Chapter 2

웹디자이너의 생생 경험담

Chapter 3

예비 웹디자이너 아카데미

CHAPTER

|1|

웹디자이너,

어떻게
되었을까
?

웹디자이너란?

—

웹디자이너는

홈페이지의 문자·그림·동화상·음성 등을 재가공하고 다듬어서
이용자들이 알기 쉽도록 만드는 작업을 한다.

세련되고 생동감 있는 화면을 디자인하고 연출하는 것이 목표인데, 정해진 용량 안에서 디자인해야 하므로 간결하고 생생하게 만드는 것이 중요하다. 디자인 감각과 함께 통신 분야의 전반적인 지식을 갖추고 있어야 하며, 컴퓨터에 대한 지식도 물론 필요하다. 구체적으로는 자료를 압축해서 최대 효과를 발휘하는 기술이 필요하고 HTML·XML·자바 등의 프로그래밍 언어와 다이내믹 HTML·플래시·가상현실(VR) 등의 그래픽 기법을 활용할 수 있어야 한다. 홈페이지 제작 대행사, 인터넷 접속 서비스업체, 기업체 홍보실 등에서 일하거나 프리랜서로 일할 수 있다.

출처: 두산백과

■ 웹디자이너 업무소개

- 웹디자이너는 인터넷 홈페이지를 디자인하고 웹사이트를 구축한다.
- 웹디자이너는 홈페이지의 문자, 그림, 동화상, 음성 등을 재가공하여 이용자들이 알기 쉽게 만드는 작업을 한다.
- 웹사이트의 전체적인 이미지를 결정한 후 네비게이션 설계를 하고 전체 구조, 메뉴와 서브메뉴를 위계적으로 설정하며, 웹사이트를 시각적으로 레이아웃한다.
- 웹사이트의 주요 화면을 주기적으로 갱신하며 HTML, CSS, Javascript, JQuery 등을 활용하여 웹애니메이션을 구현한다.
- 이메일 및 게시판 관리업무를 수행하기도 하며, 회사의 로고나 일러스트레이션을 디자인하기도 한다.

출처: 커리어넷

다양한 분야의 웹디자이너

웹디자이너

웹디자이너는 웹사이트가 전달하고자 하는 정보를 가장 효과적으로 전달할 수 있도록 이미지 형태, 사이즈, 동영상, 애니메이션, 텍스트, 서체, 레이아웃 등의 시각적인 요소를 구성하고 디자인한다.

GUI디자이너

GUI디자이너는 단순히 그래픽을 그리는 업무가 아니라 사용자 경험을 설계하고 시각적으로 구현하는 일을 한다. 이전엔 웹 환경에 국한된 '웹디자이너'라는 명칭이 현재는 다양한 디바이스 인터페이스를 디자인하며 새로운 서비스 경험을 구현하는 'GUI(graphical user interface)디자이너'라는 명칭으로 불린다.

UI/UX디자이너

UI/UX 디자이너는 기기와 사용자 사이를 연결해 주는 화면을 디자인하는 일을 한다. 웹디자이너에게는 디자인 역량과 디자인 조소를 웹에 적용시키기 위한 개발 언어와 스킬이 필요하다면, UI/UX 디자이너에게는 프로토 파이, 어도비 XD 등 프로토 타이핑 툴 활용과 사용자가 사용하는 인터페이스를 잘 설계할 수 있는 정리 능력이 필요하다는 점이 차이가 있다.

모션그래픽디자이너

모션그래픽디자이너는 비디오, 오디오, 사진, 그래픽 이미지 등에 애니메이션 테크닉을 이용하여 움직임이 있는 그래픽을 만든다.

인터랙션디자이너

인터랙션디자이너는 디자인 전략을 수립, 생성하고 제품의 주요 상호작용을 구별하며 개념을 테스트하기 위한 프로토타입을 작성한다. 사용자에게 영향을 주는 기술 및 추세를 유지하는 데 도움이 되는 디자인, 개발, 크리에이티브 또는 마케팅을 담당한다.

웹 및 멀티미디어디자이너

웹 및 멀티미디어디자이너는 컴퓨터그래픽을 활용하여 인터넷 홈페이지를 도안하거나 방송, 영화, 게임에 필요한 그래픽, 그림, 문자 등을 디자인한다.

웹디자이너의 자격 요건

───── **어떤 특성을 가진 사람들에게 적합할까?** ─────

웹디자이너는 시각적인 편의성과 아름다움을 표현할 수 있는 디자인 감각 및 색채 감각과 창의성
이 필요하며 특히, 여러 사람이 함께 작업하는 경우가 많으므로 협동심과 원만한 대인관계를 유지
할 수 있는 능력이 있어야 한다. 예술형과 탐구형의 흥미를 가진 사람에게 적합하고 혁신, 적응성,
꼼꼼함 등의 성격을 가진 사람들에게 유리하다.

출처: 커리어넷

웹디자이너와 관련된 특성

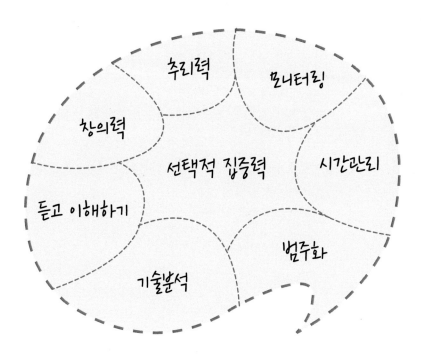

추리력

모니터링

창의력

선택적 집중력

시간관리

듣고 이해하기

범주화

기술분석

Q

"웹디자이너에게 필요한 자격 요건에는 어떤 것이 있을까요?"

톡(Talk)!
석온슬

> 항상 왜? 어떻게? 라는 질문을 한다면
> 훌륭한 디자인이 나옵니다.

항상 "왜?" 혹은 "어떻게?"라는 질문을 항상 품으며 '당연하다'라는 생각을 하지 않고 나아가는 것이 가장 중요한 것 같아요. "왜 사람들은 이걸 이렇게 하려고 할까?", "어떻게 하면 이런 사람들의 문제를 해결할 수 있을까?" 등과 같은 질문에서 바로 더 나은 디자인이 창출될 수 있다고 믿어요.

톡(Talk)!
박혜진

> 공부하는 자세와 열정,
> 소통하는 열린 마음이 있다면 크게 될 거예요.

단순 미적 고민은 물론 어떻게 해야 사용자 관점에서 시각적으로 편리할지에 대한 고민(UI, UX 디자인)이 필요해요. 더불어 퍼블리싱이나 개발 단계를 고려하며 디자인해야 하고 반응형 웹에 따른 다양한 디바이스 환경까지 고려한 디자인이 필요합니다. 그러기 위해서는 계속 변화하는 IT 시장에 대해 끊임없이 공부해야 하고 능동적이고 열정적인 자세가 가장 중요한 것 같아요. 또한 대다수의 디자이너는 고객사와 함께 일해요. 고객사의 다양한 조건을 만족시켜야 하고 서로의 관점이나 취향도 충돌할 수 있기 때문에 다양한 피드백을 마주하게 되고요. 그뿐만 아니라 때로 무리한 요구를 하는 고객을 만날 때도 있고 일정에 맞춰 퀄리티를 절충해야 할 때도 있어요. 열린 마음과 협조적으로 소통하는 능력이 있다면 큰 강점이 될 거예요.

톡(Talk)! 안송이

디테일을 찾아내는 고민과 끈기가 중요합니다.

기본적으로 그림을 그릴 수 있는 능력이 있으면 빨리 클 수 있는 요건이 되지만 저희 회사만 해도 디자인을 전공하지 않은 분들도 많습니다. 개인적으로 생각하는 자질은 아주 작은 디테일의 힘을 찾아내고 고민할 수 있는 끈기를 가지고 있으시면 좋다고 생각합니다.

톡(Talk)! 송아미

연구하는 자세와 관찰하는 자세가 필요해요.

첫 번째로는 연구하는 자세가 필요합니다. 괜찮은 웹사이트를 발견하면 이건 어떤 방식으로 구현이 된 것인지, 데스크탑일 때는 어떤 레이아웃으로 보이고 모바일에서는 어떻게 보이는지 등 하나하나 뜯어보는 공부를 하면 좋습니다. 그러다 보면 여러 레이아웃과 구현 방식이 자신의 머릿속에 들어가게 되기 때문에 디자인 응용에서 자유로워지고 어느새 디자인 실력은 한층 발전한 걸 느낄 수 있을 거예요.

두 번째로는 관찰하는 자세가 필요해요. 내가 만든 웹사이트는 다른 사람이 사용할 때가 더 많습니다. 우연히 다른 사람의 사용 모습을 본다면 깜짝 놀랄 거예요. 사용 방법이 사람마다 제각기 다르기 때문이죠. 이렇듯 나의 경험을 바탕으로만 웹사이트를 디자인하는 것은 좋지 않습니다. 그렇기에 회사에서는 사용성 테스트, 즉 옆에서 제작한 웹사이트를 사용하는 모습을 관찰하는 자리를 만들기도 하는데요. 꼭 이렇게 하지 않더라도 회사 내 동료나 친구가 웹사이트를 사용하는 모습만 보더라도 현재의 문제점과 개선점을 알 수 있게 됩니다. 이렇게 계속 발전시키다 보면 언젠가는 훌륭한 웹사이트를 만들 수 있게 되는 것이죠.

웹디자이너에게 꼼꼼함과 적극성은 필수 요건입니다.

디자이너는 기획자와 퍼블리셔, 개발자 등 한 프로젝트 안에서 다양한 직군의 동료들과 함께 협업을 하게 되는데요, 적어도 그 프로젝트 안에서는 자신이 맡은 업무와 역할에서 자신이 전문가이기 때문에 굉장히 프로페셔널하게 임해야 한다고 생각합니다. 따라서 기획서에 오탈자는 없는지 확인해보고, 퍼블리셔나 개발자에게 디자인을 넘겨주기 전에 아이콘 슬라이스는 제대로 되어있는지 다시 한번 디자인을 체크하고 점검하는 꼼꼼함이 필요합니다. 또한 흐름상 매끄럽지 않은 부분은 없는지 검토해보고 기획자와 상의해서 기획적인 부분을 보완하거나, 모션이 들어갈 부분은 어떻게 구현하면 좋을지 퍼블리셔나 프론트엔드 개발자와 함께 논의해보는 등의 적극성이 실제 협업에 있어 프로젝트를 좌우할 만큼 굉장히 중요한 요소입니다. 디자이너라고 해서 가만히 디자인만 해주는 게 아닌, 적극적으로 커뮤니케이션에 임하는 활발한 자세가 중요하다고 생각합니다.

의견 대립이 있다면 조율하는 지혜가 필요해요.

작업시간 70%, 회의 30%로 의견을 나누고 맞출 일이 많아요. 기획과 실제 개발 사이에서 중간 역할을 하고 있기 때문이지요. 의견은 항상 조금씩 다르기 때문에 서로 잘 얘기해서 합의하고 결정대로 잘 만들어내는 게 중요하다고 생각해요. 의견 대립을 즐기고 같이 결정한 사항을 디자인에 잘 녹여내는 게 중요하지요.

내가 생각하고 있는 웹디자이너의
자격 요건을 적어 보세요!

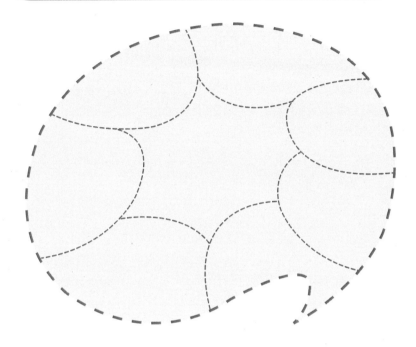

웹디자이너가 되는 과정

대학이나 전문대학에서 디자인과, 웹디자인과 등을 졸업하거나, 웹 전문 교육기관에서 디자이너 과정을 이수하여 실력을 쌓아 웹디자이너로 진출할 수 있다. 자격증을 취득하는 것도 중요하지만, 그것보다 자신이 직접 웹디자인 한 것, 혹은 여러 디자인들을 포트폴리오에 잘 모아두는 것이 취업 시에 더 유리하다. 웹사이트 개발업체, 전문 디자인업체 등의 채용공고를 통해 입사하기도 하지만, 학과 추천을 통한 채용전형 및 지인을 통해 취업하기도 한다. 프리랜서로 활동하면서 웹 및 멀티미디어개발자들과 팀을 이루어 작업을 하기도 한다. 프리랜서로 활동하는 동안 경력과 실무를 쌓아 웹광고기획자, 웹마스터, 웹콘텐츠기획자 등으로 전직하기도 한다.

 교육과정

웹디자이너가 되기 위해서 특별히 요구되는 학력이나 전공은 없다. 전문대학이나 4년제 대학의 멀티미디어나 컴퓨터그래픽 관련 학과나 디자인 관련 학과를 전공하면 유리하다. 웹디자인, 게임 디자인, 컴퓨터그래픽 관련 전문교육기관에서 교육 및 훈련을 받는 것도 좋다. 웹 전문교육기관에서 웹디자이너가 되기 위한 직업 훈련과 교육을 받을 수도 있다.

출처: 커리어넷

 관련 자격증

◆ **컴퓨터그래픽스운용기능사**

컴퓨터그래픽스운용기능사란 산업인력공단에서 시행하는 컴퓨터그래픽스운용기능사 시험에 합격하여 그 자격을 취득한 자를 말한다. 응시자격에는 제한이 없다. 컴퓨터그래픽스운용기능사 자격의 검정방식은 기존의 검정형과 과정평가형이 병행하여 운영되고 있다. 검정형 시험은 필기시험과 실기시험으로 이루어지며, 필기시험은 객관식으로 실기시험은 작업형으로 실시된다. 필기, 실기시험 각각 100점을 만점으로 하여 60점 이상을 득점하면 합격한다.

• 기본정보
 ① 자격분류 : 국가기술자격증
 ② 시행기관 : 한국산업인력공단
 ③ 응시자격 : 제한 없음
 ④ 홈페이지 : www.Q-net.or.kr

• 자격정보
① 컴퓨터그래픽스운용기능사
  - 컴퓨터그래픽스운용기능사란 산업인력공단에서 시행하는 컴퓨터그래픽스운용기능사 시험에 합
    격하여 그 자격을 취득한 자를 말한다.
  - 사람이 표현할 수 없는 형상이나 그림을 컴퓨터라는 매체를 통해 다양한 기능과 기술 적 인 요소
    를 가미하여 시각적으로 형상화시켜 채색은 물론 조형을 제작할 수 있는 숙련 기능인력을 양성하
    기 위해 컴퓨터그래픽스운용기능사 자격제도가 제정되었다.
② 자격 특징
  - 컴퓨터그래픽스(computer graphics)는 디자인과 색의 감각적 요소를 컴퓨터를 활용해 논리적인
    디지털 정보로 표현하는 것으로, 동영상, 2D, 3D, 애니메이션 등을 모두 포함한다.
  - 컴퓨터그래픽스운용기능사는 디자인에 관한 기초이론지식을 가지고 시각디자인과 관련된 광도,
    편집 포장디자인 등의 원고지시에 의한 컴퓨터 활용 등의 작업을 수행한다.
  - 컴퓨터그래픽스운용기능사 자격의 검정방식은 기존의 검정형과 과정평가형이 병행하여 운영되
    고 있다
③ 과정평가형 자격제도
  - 과정평가형 자격이란 국가직무능력표준(NCS)에 기반하여 일정 요건을 충족하는 교육 · 훈련 과정
    을 충실히 이수한 사람에게 내부 · 외부평가를 거쳐 일정 합격기준을 충족하는 사람에게 국가기술
    자격을 부여하는 제도를 말한다.
  - 과정평가형 자격취득 가능 종목: 컴퓨터그래픽스운용기능사 자격의 검정방식은 검정형과 과정평
    가형이 병행하여 운영한다.

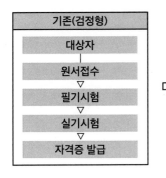

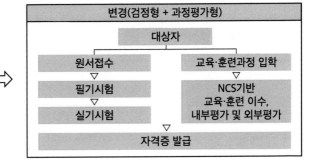

• 시험정보

① 응시자격: 응시자격에는 제한이 없다. 연령, 학력, 경력, 성별, 지역 등에 제한을 두지 않는다.

② 시험과목 및 검정방법

구분	시험과목	검정방법 및 시험시간
필기시험	1. 산업디자인일반 2. 색채 및 도법 3. 디자인 재료 4. 컴퓨터그래픽스	객관식 4지 택일형, 60문항(60분)
실기시험	컴퓨터그래픽스 운용실무	작업형(4시간 정도)

③ 합격 기준 : 필기·실기 – 100점을 만점으로 하여 60점 이상

④ 필기시험 면제 : 필기시험에 합격한 자에 대하여는 필기시험 합격자 발표일로부터 2년간 필기시험을 면제한다.

• 활용정보

① 취업 : 웹, 애니메이션, 게임 개발업체, 패션이나 출판업체, 방송이나 영화 등 영상 제작업체, 광고 제작업체, 방송사, 프로덕션, 프레젠테이션 제작업체 등 다양한 분야로 진출이 가능하다.

② 우대 : 국가기술자격법에 의해 공공기관 및 일반기업 채용 시 그리고 보수, 승진, 전보, 신분보장 등에 있어서 우대받을 수 있다.

③ 가산점 : 6급 이하 및 기술직공무원 채용시험 시 시설직렬의 디자인 직류에서 3% 가산점을 준다. 다만, 가산 특전은 매 과목 4할 이상 득점자에게만, 필기시험 시행 전일까지 취득한 자격증에 한한다.

④ 필기시험 면제 : 필기시험에 합격한 자에 대하여는 필기시험 합격자 발표일로부터 2년간 필기시험을 면제한다.

◆ 웹디자인기능사

웹디자인기능사란 산업인력공단에서 시행하는 웹디자인기능사 시험에 합격하여 그 자격을 취득한 자를 말한다.

- 기본정보
  ① 자격분류 : 국가기술자격증
  ② 시행기관 : 한국산업인력공단
  ③ 응시자격 : 제한 없음
  ④ 홈페이지 : www.Q-net.or.kr

- 자격정보
  ① 웹디자인기능사
  - 웹디자인기능사란 산업인력공단에서 시행하는 웹디자인기능사 시험에 합격하여 그 자격을 취득한 자를 말한다.
  - 웹디자인기능사 자격은 웹페이지를 기획, 설계, 제작하는 업무를 담당할 숙련기능인력을 양성하기 위해 제정하였다.
  ② 자격 특징
  - 웹디자인기능사는 홈페이지를 기획, 설계제작하며 이에 따른 시스템자원 및 사용할 S/W를 활용하여 기본적인 프로그램을 수행하고, 이미지 형태, 사이즈, 동영상, 레이아웃 등의 시각적인 요소를 구성하고 디자인하는 업무를 수행한다.
  - 2017년부터 웹디자인기능사 자격의 검정방식은 기존의 검정형과 과정평가형이 병행하여 운영되고 있다.
  ③ 과정평가형 자격제도
  - 과정평가형 자격이란 국가직무능력표준(NCS)에 기반하여 일정 요건을 충족하는 교육·훈련 과정을 충실히 이수한 사람에게 내부·외부평가를 거쳐 일정 합격기준을 충족하는 사람에게 국가기술자격을 부여하는 제도를 말한다.
  - 과정평가형 자격취득 가능 종목: 웹디자인기능사 자격의 검정방식은 기존의 검정형과 과정평가형이 병행하여 운영되고 있다.

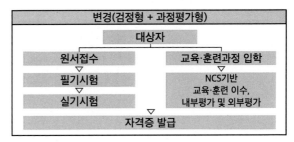

- 시험정보

① 응시자격 : 응시자격에는 제한이 없다. 연령, 학력, 경력, 성별, 지역 등에 제한을 두지 않는다.

② 시험과목 및 검정방법

구분	시험과목	검정방법 및 시험시간
필기시험	1. 디자인일반 2. 인터넷일반 3. 웹그래픽디자인	객관식 4지 택일형, 60문항(60분)
실기시험	웹디자인 실무 작업	작업형(4시간 정도)

③ 합격 기준 : 필기·실기 – 100점을 만점으로 하여 60점 이상

④ 필기시험 면제 : 필기시험에 합격한 자에 대하여는 필기시험 합격자 발표일로부터 2년간 필기시험을 면제한다.

- 활용정보

① 취업 : 웹사이트 개발업체, 전문디자인업체, 게임업체, 일반기업체 등의 디자인 관련부서로 취업하거나 프리랜서로도 활동할 수 있다.

② 우대 : 국가기술자격법에 의해 공공기관 및 일반기업 채용 시 보수, 승진, 전보, 신분보장 등에 있어서 우대받을 수 있다.

③ 가산점 : 6급 이하 및 기술직공무원 채용시험 시 시설직렬의 디자인 직류에서 3% 가산점을 준다. 다만, 가산 특전은 매 과목 4할 이상 득점자에게만, 필기시험 시행 전일까지 취득한 자격증에 한한다.

◆ GTQ

- 기본정보
  ① 자격분류 : 국가공인 민간자격
  ② 시행기관 : 한국생산성본부
  ③ 응시자격 : 제한 없음
  ④ 홈페이지 : www.kpc.or.kr

- 자격정보
  ① GTQ
    - GTQ는 Graphic Technology Qualification의 약자로 포토샵 프로그램을 이용한 그래픽 기술 자격
      시험이다. GTQ에는 1·2·3급이 있으나 1·2급만이 국가공인 자격이다.
  ② 자격 특징
    - 실무 활용성을 높이기 위해 이론 시험 없이 실기 시험방식을 채택하고 있다.
    - 국내 최초의 국가공인 그래픽기술자격이다.
    - 국제 IT자격으로도 상호인증되어 전 세계 48개국에서 그래픽 자격으로 인정받고 있다.

- 시험정보
  ① 응시자격 : 학력, 연령, 성별 등의 제한이 없다.
  ② 시험과목

등급	문항 및 시험방법	시험시간	S/W Version
1급	4문항 실무 작업형 실기시험	90분	Adobe Photoshop CS2, CS4(한글, 영문) 또는
2급	4문항 실무 작업형 실기시험	90분	Corel Paint Shop Pro PHOTO X2(한글)

  ③ 합격 기준

구분	합격기준
1급	100점 만점에 70점 이상 득점자
2급	100점 만점에 60점 이상 득점자

- 활용정보
  ① 학점인정 등 : 대학에 따라서 입학 시 가산점을 주기도 한다. 또한 교양과목으로 운영하거나 중간·
    기말고사 학점을 대체해주는 등으로 활용되고 있다.
  ② 취업 : GTQ 자격 취득자는 홈페이지/웹디자인 개발업체, 기업체 디자인실 및 홍보실, 광고 기획 업
    체, 출판편집 업계 등에 웹디자이너로 취업할 수 있다. 또한 방과 후 특기적성 강사로 활동할
    수도 있다.

출처: 자격증 사전

웹디자이너의 좋은 점·힘든 점

| 좋은 점 |
새로운 트렌드에 맞추어 끝없이 공부하게 합니다.

　이 일은 저처럼 게으른 사람도 계속 공부를 하게 만듭니다. 핸드폰, 패드, 웨어러블 기기 등 일 년 동안 새롭게 쏟아지는 디바이스만 해도 손으로 꼽기 어렵고, 자고 일어나면 새로운 유형의 서비스가 등장합니다. 선행 과제를 수행할 때는 전혀 모르는 분야의 스터디만 한 달 동안 진행할 경우도 있을 정도여서 공부를 싫어하는 저도 10년 넘게 출근하자마자 트렌드나 서비스 소개 사이트 목록을 쌓아가고 훑어보는 게 습관이 되어버렸답니다.

| 좋은 점 |
역량만 갖춘다면 프리랜서로서의
좋은 혜택을 누릴 수 있어요.

　경력이 쌓이면 프리랜서로 전향하기 쉽다는 점이 좋아요. 꼭 회사를 다니지 않더라도 가지고 있는 재능을 활용하기 좋은 직업이에요. 본인의 능력만 갖춰진다면 나이는 크게 중요하지 않기도 하고요. 그리고 인터넷 사용자가 늘어나고 있고 코로나로 인해 언택트 문화가 확산되는 만큼, 온라인 서비스에 대한 수요는 앞으로도 증가할 것이고 웹디자이너의 취업 전망도 좋을 거라 생각해요. 물론 앞서 말한 개인의 경쟁력이 뒷받침되어야 하겠지만요.

| 좋은 점 |
앞으로 디자이너에 대한
수요는 많아질 것이고 급여도 괜찮아요.

　내 디자인을 많은 사람들이 쉽게 찾아줄 수 있어요. 인터넷 주소 창에 URL만 입력하면 누구든 제 디자인을 구경할 수 있는 것이죠. 또 하나는, 웹사이트는 데스크탑과 모바일 기기 등 다양한 기기에서 잘 보이도록 레이아웃을 구성해야 할 텐데요. 그러다 보면 모바일 앱 디자인도 금방 익힐 수 있습니다. 사용자가 모바일 앱과 웹을 사용하는 방식은 사뭇 다르긴 하지만 편리하게 사용할 수 있도록 고민하는 과제는 동일하기 때문에, 모바일 앱 생태계와 관련 지식을 조금만 익히면 앱도 디자인할 수 있습니다. 요즘 회사에서는 웹과 앱을 모두 디자인할 수 있는 디자이너의 수요가 크고 급여도 다른 분야의 디자이너들보다 높습니다.

| 좋은 점 |
내가 만든 디자인이 많은 사람들에 의해
사용되어지는 기쁨을 아실까요?

　역시 결과물을 눈으로 직접 볼 수 있어서 보람을 느낄 수 있고 많은 사람들에게 피드백을 받을 때 내가 하는 일에 대한 자부심을 가질 수 있다는 점이죠. 내 디자인이 수많은 사람들에게 사용될 때 정말 무엇과도 바꿀 수 없이 뿌듯해요.

톡(Talk)!
석온슬

| 좋은 점 |

내가 만든 프로덕트에 대한 빠른 피드백을 받을 수 있지요.

웹디자이너(UX/UI 디자이너)는 본인이 만든 프로덕트를 사용자가 빠른 시일에 사용하게 됩니다. 다른 경우에는, 디자인이 완성된 후에 그것을 보는 사람은 있는지, 사용하는 사람은 있는지에 대한 정보를 전혀 알 수 없습니다. 하지만 지금의 작업들은 사용자들이 사용하는 것들이 즉각적으로 확인되기 때문에 얼마나 많은 사람들이 작업물을 좋아해 주는지, 나의 결과물이 그들에게 얼마나 도움을 주는지를 알 수 있어서 좋아요

톡(Talk)!
사보미

| 좋은 점 |

다양한 분야에서 웹디자인의 스킬이 진가를 발휘하죠.

개인이 집중하는 곳에서 높은 스킬을 달성할 수 있고, 그 스킬이 필요한 곳이 생각보다 아주 많다는 거예요. 어떤 산업이나 단계든 디자인은 무조건 필요한 순간이 있어요. 그때 빛을 발할 수 있죠.

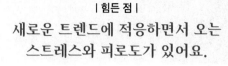

| 힘든 점 |

새로운 트렌드에 적응하면서 오는
스트레스와 피로도가 있어요.

톡(Talk)!
안송이

　새로운 것에 대한 적응을 계속해야 하는 만큼 알고 있어야 한다는 스트레스와 피로도가 높더라고요. 20~30대 때에는 체력으로 버틸 수 있었는데 건강관리가 어려울 경우도 종종 있습니다.

| 힘든 점 |

국가의 지원이 오히려
더욱 치열한 경쟁을 부추기는 것 같아요.

톡(Talk)!
박혜진

　국가에서 지원을 해주는 학원 등이 많아져서 비전공자도 접근이 쉽다는 게 위협으로 느껴지죠. 진입 장벽이 다소 낮은 만큼 더욱 경쟁력을 갖춘 디자이너가 되어야 하기 때문이지요. 학교나 학원에서는 어디까지나 스킬을 알려줄 뿐, 디자인과 트렌드는 스스로 공부하고 쌓아가야 하거든요.

| 힘든 점 |

발전하는 기술에 발맞추어 꾸준한 학습이 필요하죠.

관련 분야를 꾸준히 공부해야 합니다. 웹과 앱 모두 IT 기술과 연관된 것들이기 때문에 기술의 발전에 따라 사용자들에게 보이는 디자인의 방식도 달라집니다. 예를 들어, 아주 예전에는 작은 모니터에서 보이는 웹사이트를 디자인했다면, 스마트폰이 대중화되면서 모바일 기기 안에서 작동할 웹사이트의 모습이 필요해지고, 웨어러블 기기가 활성화되면서 스마트워치에서도 잘 보일 앱 화면도 디자인하게 된 것처럼 나날이 발전하는 기술에 맞춰 디자인하는 방법 또한 달라지고 있습니다. 이렇기에 꾸준한 공부가 필요한 것입니다.

| 힘든 점 |

디자인은 창작이기에 작업시간을 예측하기가 어려워요.

디자인에는 정해진 답이 없기 때문에 작업시간을 예측하기 어렵다는 점이예요. 어떤 날은 세 시간 만에 원하는 디자인이 나오기도 하는가 하면, 어떤 날은 삼 일 동안 진도가 통 나가지 않는 날도 있거든요. 그래서 야근도 심심찮게 한답니다. 누군가 "이 정도 디자인이면 얼마 만에 할 수 있어?"라고 물을 때 정말 난감해요. 이걸 세 시간이라고 해야 할지, 삼 일이라고 해야 할지.

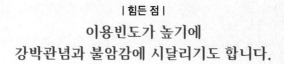

톡(Talk)!
석온슬

| 힘든 점 |
이용빈도가 높기에
강박관념과 불안감에 시달리기도 합니다.

　내가 만든 디자인을 많은 사람들이 사용하게 되기 때문에 작은 실수가 큰 파장으로 돌아온다는 것이죠. 이용빈도가 늘어나면 실수에 강박관념은 더욱 커집니다. 물론 고객에게 유포되기 전까지 많은 실수들이 있고 이를 수정하는 과정을 거치기는 하지만, 새로운 버전을 업데이트를 할 때 자신감과 함께 불안감도 공존합니다.

톡(Talk)!
사보미

| 힘든 점 |
웹디자인업계에도 도제교육의 잔재가 있는 것 같아요.

　회사별로 연봉 차이가 심합니다. 박봉인 회사도 많고요. 예술계의 특성인 도제교육의 잔재인 것 같아요.

웹디자이너 종사 현황

◆ 입직 및 경력개발

웹사이트 개발업체, 전문 디자인업체, 게임개발업체의 채용공고를 통해 입직하거나 업무가 있을 때 프리랜서의 형태로 웹 및 멀티미디어개발자들과 팀을 이뤄 일한다. 취업 시에는 학력이나 자격증 취득 여부보다는 실무경험이 중요하므로 평소 포트폴리오 준비에 신경을 써야 한다. 웹디자이너는 웹사이트 개발업체에서 일하거나 프리랜서로 활동하는 동안 경력과 실력을 쌓아 웹광고기획자, 웹마스터, 웹콘텐츠기획자 등으로 전직할 수도 있다. 멀티미디어디자이너 또는 게임디자이너는 주로 광고사, 방송국, 게임개발업체, 컴퓨터그래픽전문업체 등에서 일하며, 경력을 쌓은 후에는 전문디자인 업체를 창업하거나 프리랜서로 활동하기도 한다.

◆ 고용현황

웹디자이너의 종사자 수는 69,000명이며, 향후 10년간 고용은 연평균 1.3% 증가할 것으로 전망된다(자료: 2016~2026 중장기 인력수급 전망). 반면에 IT기기, 모바일, 웹사이트 제작하는데 필요한 그래픽 툴의 사용법이 간편해지면서 일반인의 접근이 용이해졌고, 포털사이트의 블로그나 카페, SNS가 웹사이트를 대체하게 되면서 웹디자인의 고용은 현재상태를 유지할 가능성이 있다. 향후 10년간 웹 및 멀티미디어디자이너의 고용은 다소 증가하는 수준이 될 것으로 전망된다.

웹디자이너의 평균연봉(중위값)은 3201만원이다(자료: 워크넷 직업정보 2019년 7월 기준).
*하위(25%) 2579만원, 평균(50%) 3201만원, 상위(25%) 4231만원

「중장기 인력수급 수정전망 2015~2025」(한국고용정보원, 2016)에 따르면, 웹 및 멀티미디어디자이너는 2015년 약 583,000 명에서 2025년 714,000 명으로 향후 10년간 약 131,000 명(연평균 2.0%) 정도 증가할 전망이다.

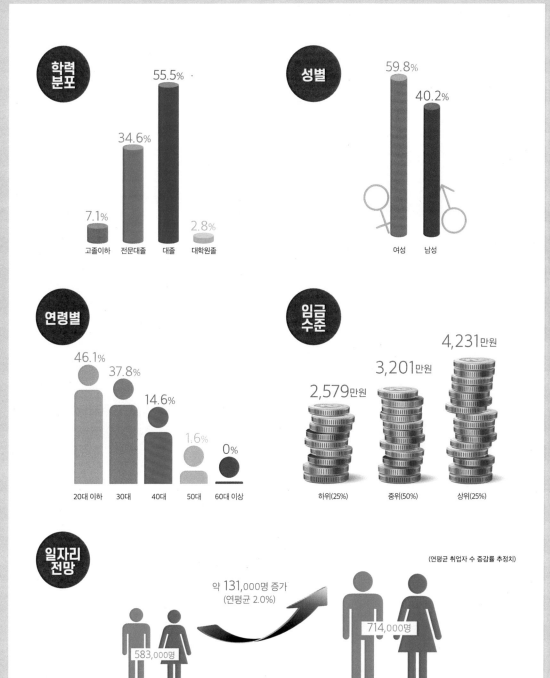

학력분포

55.5%
34.6%
7.1%
2.8%

고졸이하　전문대졸　대졸　대학원졸

성별

59.8%
40.2%

여성　남성

연령별

46.1%
37.8%
14.6%
1.6%
0%

20대 이하　30대　40대　50대　60대 이상

임금수준

4,231만원
3,201만원
2,579만원

하위(25%)　중위(50%)　상위(25%)

일자리전망

(연평균 취업자 수 증감률 추정치)

약 131,000명 증가
(연평균 2.0%)

583,000명

2015년

714,000명

2025년

출처: 직업백과/커리어넷

CHAPTER
| 2 |

웹디자이너의
생생
경험담

미리 보는 웹디자이너들의 커리어패스

안송이 웹디자이너 | 동성제약 동성 기프코 Online Commerce 앤어워드 2014 WINNER 수상- SKT CLOUD Building Energy Management System

송아미 웹디자이너 | 팝콘파이브 UI/UX 디자이너 유니온풀 리드 디자이너

박혜진 웹디자이너 | 숙명여자대학교 디자인학부 입학 한국관광공사 관광광고대상 입선, 숙명여자대학교 시각영상디자인과 최우수 졸업작품상 등

고은비 웹디자이너 | 대기업 인하우스 (한컴, 카카오 계열사 등) 에이전시 근무/프리랜서 활동 KT 채용 사이트(kt recruit) 웹 어워드 코리아 서비스부문 최우수상

석온슬 웹디자이너 | 영남대학교 시각디자인학과 졸업, 모션그래픽 스튜디오 'Dpub' 2D/3D 모션그래픽 디자이너 > Academy of Art Universit Web & New Media

사보미 웹디자이너 | UX디자인동아리 'UCOX' 개설 & 운영 이화여대연구실 AI 법률정보 시스템 'U-LEX' UI디자인

앤어워드 2019 GRAND PRIX 수상
- 한화생명 HELLO

라이트브레인 수석디자이너

디지털 프로덕트 스튜디오
Ami Studio 운영

IT 커리어 콘텐츠 서비스 서핏(Surfit)
제품 제작 총괄

이랜드 외식 사업부 브랜딩 디자인

대학내일 E-Biz팀 웹 디자인

'모노비디자인' 설립

브랜드 리뉴얼

Upgrade, Inc. Interaction designer
intern 석사

Ringle(링글잉글리시에듀케이션)
Product designer

스타일쉐어 APP, WEB 디자인

N컨슈머브릿지 APP, WEB 디자인

학창시절 성격의 변화가 있었지만 그림 그리기와 만화책에 대한 관심은 여전하였다. 대학 진로에 대한 준비가 늦었지만 대학에서의 경험은 웹디자이너로서 진출하는데 든든한 밑거름이 되었다. 대학 시절, 산학협력으로 진행된 프로젝트에서 예기치 못한 시안을 진행하면서 디자인에 대한 기존의 생각에 큰 반전이 이루어진다. 한때 웹에이전시에서의 아르바이트는 웹디자인의 과정에서 무엇이 중요한지를 체감할 수 있는 중요한 계기가 되었고 특히, 학교 선배의 가르침과 조언은 좁은 시야에서 벗어나 소통의 기술을 배우는 데 큰 역할을 하였다. 학교 선배와 같은 훌륭한 멘토가 되고 싶기에 끝없이 진화하고 있다. 현재 라이트브레인 수석디자이너로서 팀을 운영하고 프로젝트 관리업무를 하면서 커뮤니게이션과 변화에 대한 소신을 더욱 새롭게 하고 있다.

- -

안송이 | 웹디자이너

현) 라이트브레인 수석디자이너
• 학점은행제 시각디자인 학사 취득
• 동성제약 동성 기프코 Online Commerce ~
• 서울예술대학 시각디자인과 졸업

수상
• 앤어워드 2019 GRAND PRIX - 한화생명 HELLO
• 앤어워드 2017 GRAND PRIX
• 앤어워드 2014 GRAND PRIX
• 앤어워드 2014 WINNER
• 앤어워드 2013 GRAND PRIX

웹디자이너의 스케줄

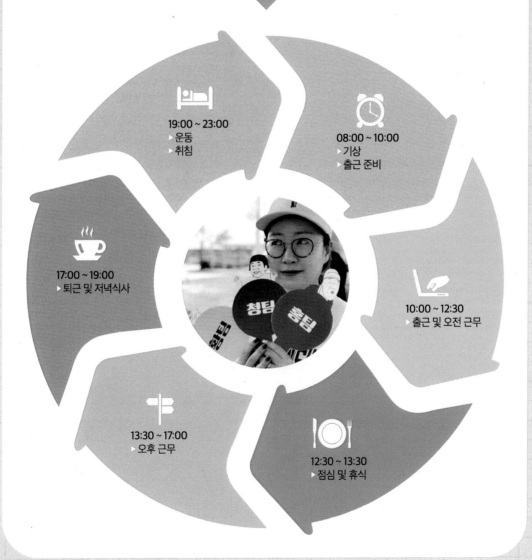

안송이
웹디자이너의
하루

19:00 ~ 23:00
▸ 운동
▸ 취침

08:00 ~ 10:00
▸ 기상
▸ 출근 준비

17:00 ~ 19:00
▸ 퇴근 및 저녁식사

10:00 ~ 12:30
▸ 출근 및 오전 근무

13:30 ~ 17:00
▸ 오후 근무

12:30 ~ 13:30
▸ 점심 및 휴식

늦깎이
미술학도의
고민이 기업과
만나다

▶ 어린시절, 오빠와 함께 다정한 모습

▶ 대학시절, 농활 팀 단체사진

▶ 대학시절 MT 때, 친구들과 같이

학창시절 혹시 성격의 반전이 있었나요?

중학교 때는 충분히 까불고 웃고 재미있는 게 최고였죠. 창피함을 몰랐었는데 고등학교 때부터 늦은 사춘기인지 사람들 눈에 띄는게 싫고 부끄러움이 많은 성격이 되었습니다. 조용히 혼자 있는 시간을 즐겼었는데, 오히려 그것이 늦게 시작한 미술 공부에 도움이 되었던 것 같아요. 꾸준히 중간 성적을 유지하긴 했었지만 성적이 상위권은 아니었답니다. 벼락치기 스타일이라 모의고사는 반짝 오른 경우도 있었지만 공부를 그다지 좋아하진 않았습니다. 만화책과 그림 그리기에 푹 빠져 있었지요.

준비가 늦었다면 가장 필수적인 마음가짐은 무엇일가요?

부모님께서는 제가 원하는 방향에 대해서는 전적으로 믿어주시고 지원해 주셨어요. 제가 그림을 시작했던 것도 부모님께서 어느 날 미술학원에 데려 가셨던 게 계기가 되었지요. 그림을 시작했을 때는 제품디자인을 하고 싶었는데 시각디자인을 공부하면서는 일러스트레이터나 문구 디자이너를 희망했습니다. 저는 늦게 시작한 편이었어요. 일반적으로는 중학교에서 고등학교 1학년 때 시작하는데 저는 고2 여름 때부터 준비했습니다. 좋아하는 분야라도 해야 하는 일과 하고 싶은 일이 있는데, 해야하는 일에 대한 책임감을 가질 수 있는지가 중요하다고 봅니다.

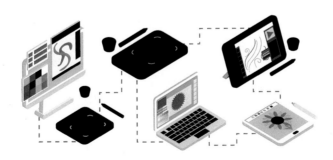

Question 대학시절, 아직도 잊혀지지 않는 에피소드가 있으시다면?

대학교 1학년 시절 시각디자인이 무엇인지 하나둘씩 알아갈 때 즈음, 산학협력으로 한 기업의 브랜드디자인을 수업으로 진행하게 되었습니다. CI, BI, 디자인 매뉴얼, 캐릭터, 패키지까지 브랜드 경험 전반에 걸친 프로젝트였는데 120명 시안 중에 제가 진행한 시안이 기업에 선택되었어요. 운이 좋았던 거죠. 하지만 시안이 선택된 이후부터는 거의 지옥이었습니다. 한 달 동안 교수님께 지도를 받으며 시안을 진행했었는데 저 스스로의 부족함을 절실히 느꼈고, 늘 눈앞에 높은 벽이 있는 것 같았어요. 진로를 바꿔서 입시 준비를 다시 할까, 고민할 정도였으니까요.

Question 기업과의 협업에서 크게 느끼신 점이 있다면?

제 스스로가 만족스럽지 못한 시안이 어떻게 선택되었는지 이유가 궁금해서 교수님께 여쭤봤어요. 교수님께서는 제가 생각한 컨셉이 우연히 기업이 추구하는 가치와 일치하였고, 그 우연도 결국 저의 고민에서 만들어진 것이라고 말씀하시더군요. 그 말씀을 듣고 크게 깨달은 것은 디자인에 대한 접근은 나의 관점이 아니라 의뢰인의 입장에서 이루어져야 한다는 사실이었어요. 아직도 기업 관계자분들과 교수님들 앞에서 발표했던 순간의 긴장감과 울렁임이 잊혀지질 않아요. 이후에 팀을 이루어 브랜드디자인을 진행하고 실제품으로 만들었던 경험은 사회에 나와서도 큰 도움이 되었답니다.

진로에 결정적인 영향을 준 경험이 있으시다면?

　제가 97학번인데 IMF 여파로 휴학을 했었어요. 헛되이 시간을 보내고 싶지 않았어요. 그러던 중에 프로그램 개발자였던 이모의 추천으로 웹에이전시에서 아르바이트를 하게 되었죠. 그 경험이 진로 결정에 큰 영향을 주었어요. 진로를 선택하는 과정에서 아무래도 휴학기간 동안 웹에이전시에서의 경험을 빼놓을 수 없습니다. 졸업 후에 그때의 경험과 함께 디지털 매체의 발전 비전을 보았던 것 같아요. 그래서 이 길을 선택하게 되었습니다.

Question **웹에이전시의 경험에 대해서 자세히 설명해주실 수 있나요?**

　그 당시 웹디자이너는 디자인과 함께 Html, Flash도 직접 해야 하는 환경이었죠. 학교 커리큘럼에서도 웹디자인 혹은 UI에 대한 수업은 없었습니다. 웹에이전시에서 처음으로 웹디자인을 경험하였고 여러가지 Tool과 웹디자이너에 대해 자세히 알게 되었어요. 제가 머릿속에서 상상하고 연결했던 화면들을 직접 구현해 보면서 "재미있다, 즐겁다"를 계속 외쳤던 기억이 지금도 생생합니다. 오리온, 빙그레 홈페이지 디자인을 2달 내내 휴일 없이 밤을 새우며 서포트했었고요. 웹 상에 구현이 되려면 어떤 과정을 거치는지, 무엇을 고려해야 하는지를 몸으로 부딪치며 배웠답니다. 그때 터득한 내용은 잊혀지지 않더라고요.

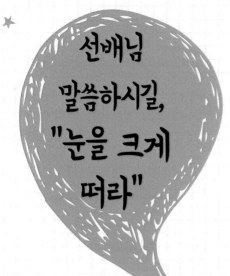

선배님
말씀하시길,
"눈을 크게
떠라"

▶ 프로젝트, 한화생명 Hello 프로젝트 메인화면 및 상세페이지

▶ 프로젝트, SKT mobile Tworld 메인화면 및 목업

▶ 프로젝트, UHD TIVIVIA 화면

첫 업무의 느낌은 어떠셨나요?

저의 첫 프로젝트는 B2B기반의 Online Commerce platform 구축이었어요. 이전의 경험은 브랜드 사이트가 유일했구요. 생소한 언어와 업무 프로세스를 기반으로 한 로직컬한 UI에 적응하기가 어려웠지요. 이때의 경험이 UI를 배워가는 과정이 되었습니다.

웹디자이너로서 일하면서 위기는 없었나요?

진로에 대한 고민은 오히려 일을 하면서 더 많이 했던 것 같아요. 기대했던 프로젝트가 아닌 다른 일을 하고 있는 상황이 저의 마음을 많이 불편하게 했습니다. 또한 기획과 개발, 다양한 성향을 가진 클라이언트와 협업을 해야 하는 것도 많이 힘들더라고요. 회사를 그만두고 아예 직군을 옮기려는 생각도 했던 것 같아요.

어려울 때 동기부여가 되었던 일이 있었나요?

다른 진로를 고민할 때 학교 선배님이 회사를 옮겨 자기와 함께 일해보자고 권했어요. 당시 팀장이었던 선배는 같은 상황에서도 다른 방법으로 문제를 해결해 나가는 방법을 알려줬습니다. 덕분에 제가 엄청 좁은 시야를 가지고 있음을 절감했죠. 기획과 개발에 대한 지식도 적어서 소통이 어려웠던 것 같고요. 갈등의 요소가 단순히 감정에서 비롯되는 게 아니란 걸 알게 된 셈이죠. 그래서 기획과 개발에 대한 기본적인 공부도 하게 되었습니다. 그리고 실무를 조금씩 해나가면서 GUI디자인이 더 재미있어지고 고된 스케줄도 즐겁게 소화할 수 있었답니다. 현재 같은 팀을 이루고 있는 동료에게 저도 그 선배같은 사람으로 기억되고 싶어서 부단히 노력하고 있습니다.

Question 웹디자이너와 GUI디자이너의 차이점이 있나요?

GUI디자이너는 단순히 그래픽을 그리는 업무가 아니라 사용자 경험을 설계하고 시각적으로 구현하는 일을 합니다. 이전엔 웹 환경에 국한된 '웹디자이너'라는 명칭이 현재는 다양한 디바이스 인터페이스를 디자인하며 새로운 서비스 경험을 구현하는 GUI (graphical user interface)디자이너 라는 명칭으로 불립니다.

Question 웹디자이너로서 업무를 수행할 때 주의할 점이 있을까요?

웹디자이너는 기획과 개발 부서와 끊임없이 소통해야 합니다. 혹시 발생할 수 있는 오류들을 최소화해야 하기 때문이죠. 그 이후에 서비스가 사용자에게 선보이기까지 시나리오를 통한 테스트와 검수를 거치게 됩니다. 대부분의 프로젝트들이 정해진 기한을 두고 진행되기에 때문에 체력 소비가 크고 피로도가 높은 편입니다. 따라서 건강관리가 정말로 중요합니다. 프로젝트의 성격에 따라 업무의 강도나 진행이 다를 수 있으나 디자이너는 프로젝트의 시작과 끝을 같이합니다.

소통과 변화의
달인이 되라

▶ 연간 프로젝트 발표

▶ 팀장 워크샵

▶ 디자인그룹 팀워크

Question 하시는 일을 자세히 알고 싶어요

제가 일하고 있는 라이트브레인은 컨설팅에서부터 UI기획, GUI 디자인에 이르는 통합서비스를 제공하는 UX디자인 기업입니다. 인공지능 챗봇, VUX, IOT 등 신기술 연구개발 과제도 수행하고 있고요. 프로젝트가 시작되면 컨설팅, 기획 부서와 함께 목표를 수립하고 컨셉과 UX전략을 도출하여 그에 맞는 프로토타입을 제작합니다. 프로토타입은 한 장의 그림이 아닌 여러 Tool을 활용하여 실제로 사용자가 서비스를 대면하는 첫 화면부터 목적하는 마지막 화면까지의 경험을 체험할 수 있도록 제작을 하죠. 화면 내 기업이 전달하고자 하는 브랜드 에센셜을 겨냥하여 영상, 모션그래픽, 일러스트, 타이포그래픽 등을 컨셉에 맞춰 디자인합니다. 디자인의 방향이 결정되면 설계된 UI문서에 맞춰 페이지 디자인을 진행하며 서비스될 디바이스의 개발환경을 고려한 디자인 가이드를 만들어 갑니다.

Question 웹디자이너에 대한 잘못된 통념이 무엇일까요?

많은 사람들이 웹을 사용하고 생활 가까이 있는데 웹디자이너가 무슨 일을 하는지 물어보는 사람이 많았어요. 인터넷은 아는데 제가 하는 일은 모르시더라고요. 지금도 GUI 디자인을 하고 있다고 하면 핸드폰 만드냐고 물어보세요. 웹디자이너는 디자인만 한다고 생각하시는 부분이 제일 큰 오해인 것 같아요. 모든 일이 그렇듯 혼자 완성할 수 있는 직업이 아닙니다. 기획력, 개발에 대한 이해력이 필요하다고 말씀드리면 놀라시더라고요. 업무의 절반은 커뮤니케이션 입니다.

Question 웹디자이너로서 성장하기 위한 방법을 알고 싶은데요?

다양한 표현방식과 트렌드를 예측할 수 있도록 꾸준히 정보를 탐색하고 모으는 작업을 하고 있어요. 이미 다 알고 있다고 자만했을 때 독이 됩니다. 새로운 디바이스와 서비스들이 계속 나오는 한, 현재에 멈춰진 직업이 아니라 계속 변화하는 직업입니다. 제가 내년이면 경력으로는 20년 차가 되는데, 그동안 일하면서 제 나이의 실무 디자이너를 만나기 어려웠어요. 대부분 관리 업무나 경영 단계를 밟으시니까요. 저에게 다음 단계는 계속 실무 디자인을 놓지 않고 새로운 서비스를 만들어 세상에 내놓는 거예요. 그러기 위해서 변화를 두려워하지 않고 받아들이려고 노력하고 있어요.

Question 워라밸(work-life balance)이 어느 정도이신지요?

지금 하루의 일과로는 출근 후, 오전은 대부분 현재 진행하고 있는 프로젝트의 상황 파악과 그날 진행 업무에 대한 배분으로 시작됩니다. 오후는 업무 미팅 외 클라이언트 대응, 배분된 페이지를 디자인하며 디자인 난이도에 따라 혹은 퀄리티 업에 따라 새벽 3~4시까지 일하기도 합니다. 직책이 팀장이라 기본적으로 팀의 운영과 프로젝트 관리 업무를 수행합니다. 디자인 방향에 대한 디렉션이 주요 업무이며 디자인 실무를 하고 있습니다. 회사 핵심가치 중 "오후가 있는 삶"의 실현으로 10시 출근, 5시 퇴근! 바쁜 스케줄이 아닐 경우, 개인 시간을 가지고 있습니다.

다양한 그래픽 Tool과 프로토타입 Tool이 새롭게 출시되고 Tool의 사용이 업계의 트렌드처럼 여겨지기에 계속 Tool 공부를 해야 하는 특이점이 있습니다. 어떤 Tool을 사용하느냐에 따라 프로젝트 프로세스까지 변경이 되기에 (Agile 방법론을 도입하거나) 프로젝트마다 다른 Tool을 사용하고 있습니다. 시대에 따라 다르겠지만 포트폴리오 관리를 잘하신다면 목표하시는 기업으로 취업 기회도 많다고 할 수 있습니다.

Question **가까운 지인들에게 정말 추천하실 수 있나요?**

제가 하고 있는 일이라 쉽게 추천한다고 생각할 수도 있지만 저는 주변에 실제로 추천하고 있어요. 사실 자신의 노력과 고민이 커리어에 그대로 반영되고 눈으로 보이는 결과를 볼 수 있는 직업이 그리 많지 않거든요. 꼭 디자인 전공자가 아니더라도 도전의 기회가 열려 있는 직업이에요. 내가 만든 서비스가 사회 곳곳, 생활 곳곳에 사용되고 가족이나 친구들, 명절날 친척들이 내가 만든 서비스를 사용하는 모습을 본다는 것은 정말 흐뭇한 일입니다.

학창 시절, 그림 그리기뿐만 아니라 비보잉 배틀도 나갈 정도로 다방면에 열정을 품고 있었다. 주변에서 다양한 분들이 진로에 대한 조언을 아낌없이 해 주셨으나 결국 진로의 키워드는 보람과 성취감이었다. IT기술의 발전과 더불어 디지털 제품이 익숙해진 시대에서 웹이나 앱에 대한 수요는 늘고, 거기에 따른 새로운 공부와 도전이 필요했다. 특히 유튜브 채널 운영과 벤치마킹은 다양한 소재의 콘텐츠를 만드는데 중요한 역할을 하고 있다. 어떤 조직이나 마찬가지겠지만 웹디자이너는 개발자와 기획자와의 협업과 소통이 절실한 직군이라 하겠다. 강연과 저서를 통해서도 왕성한 활동을 하고 있고 창업을 목표로 끝없이 진화하고 있다.

- -

송아미 | 웹디자이너

현) IT 커리어 콘텐츠 서비스 서핏 제품 제작 총괄
• 디지털 프로덕트 스튜디오 Ami Studio 운영
• 유니온풀 리드 디자이너
• 팝콘파이브 UI/UX 디자이너

강연
• [스펙트럼 데이 온라인 토크]
  우리가 피그마를 쓰고 있는 이유
• [From Designer #10] 스타트업하는 디자이너 등

저서
• 『처음 만나는 피그마』

웹디자이너의 스케줄

송아미
웹디자이너의
하루

20:00 ~ 22:00
▸ 유튜브 편집
  또는 독서

09:00 ~ 09:30
▸ 오늘 해야 할 일 정리

18:00 ~ 19:00
▸ 퇴근 및 저녁식사
19:00 ~ 20:00
▸ 운동 또는 자기계발
  (책 집필 중)

09:30 ~ 10:30
▸ 출근, 디자인/스타트
  업 관련 뉴스기사 서
  칭 및 업계 동향파악
10:30 ~ 12:00
▸ 기존 진행중인
  디자인 작업

13:00 ~ 18:00
▸ 디자인 팀 회의 및
  팀원과의 의견 공유,
  시안 수정

12:00 ~ 13:00
▸ 점심식사 및 휴식

비보잉하는
미술소녀

▶ 고등학생 때 미술학원에서 그리던 그림

▶ 고등학교 때 소풍으로 MBC 견학

▶ 대학교 시각디자인과 졸업

Question 학창시절 어떤 성격의 학생이었나요?

중학교와 고등학교 시절 내내 꾸준히 그림을 그렸던 게 생각이 나네요. 차분하면서도 고집 있는 성격이었던 같아요. 어떤 걸 맡더라도 끝까지 책임지는 걸 중요하게 생각했고요. 친구들과 어울리는 것도 좋아해서 놀 땐 잘 놀았지만, 제가 해야할 일을 소홀히 하지는 않았던 것 같아요. 꼼꼼하고 착실한 성격이 오히려 모든 걸 다 쥐고 있으려는 스트레스로 이어진 적이 많았습니다. 그러고 보니 그건 지금도 여전한 것 같네요.

Question 미술하면서 비보잉도 하셨다고요?

저는 그림 그리는 것뿐만 아니라 다방면에 관심이 많았어요. 고등학생 때 친구 중 한 명이 비보잉을 했는데 그게 그렇게 멋있어 보이더라고요. 구경하러 가도 되냐며 연습실을 방문했을 때, 그 자리에서 바로 배워보고 싶다고 그랬어요. 그렇게 몇 달 정도 친구네 크루를 쫓아다니면서 배우고 배틀도 나가보며 시간을 보냈는데 어느 순간 몸이 너무 힘들었어요. 공부와 미술, 춤을 병행하다 보니 항상 밤늦게 집 에 도착했거든요. 학생인 저한테는 그야말로 살인적인 스케줄이었어요. 고민 끝에 크루 활동을 중단하기로 하고, 다시 미술에 집중하기로 했습니다. 몇 개월이었지만 인생에서 다시 겪지 못할 색다른 경험이었죠.

Question 부모님은 진로에 관여하셨나요?

저희 부모님은 단 한 번도 저에게 특정 직업을 강요하신 적이 없어요. 공부하라는 말씀도 하지 않으셨고요. 오히려 '왜 그러실까?'하며 제가 스스로 공부했던 것 같아요. 좀 더 어렸을 때는 화가가 꿈이었어요. 그림 그릴 때 가장 크게 자신감이 생기고 붓 터치를 하나하나 쌓아갈 때마다 완성되어 가는 모습에 보람과 만족감을 느꼈거든요. 그러던 중에 세상에는 그림과 관련된 직업이 여럿 있다는 사실을 알게 되었지요. 그중에 하나가 디자인이라는 분야였어요. 제가 디자인한 것을 다른 사람들에게 선보일 수 있다고 생각하니 뿌듯하더라고요. 그래서 디자이너가 되기로 결정했답니다.

Question 진로에 대한 학습이 필요한가요?

학교 선생님들과 미술 학원 선생님께서 시각디자인을 전공하면 어떤 직업을 가질 수 있고, 어떤 회사에 들어갈 수 있는지 등 다양한 정보들을 주셨던 게 기억이 납니다. 많은 분들이 저의 진로에 대해서 관심을 가져주셨고 응원을 해주셨죠. 저는 진로를 결정하는 과정에서 진로에 대한 학습을 꾸준히 했던 것 같아요. 인터넷에서 웹디자이너, 광고디자이너, 산업디자이너 등과 관련된 정보를 찾아보고 많이 분석했던 것 같아요. 어느 쪽으로 갈까? 잘할 수 있을까? 고민이 많았던 시간이었습니다.

▶ 행사 전반적인 디자인 참여

▶ 코딩하는 모습

▶ 유튜브 만드는 과정 (공부하는 모습)

보람과
성취감을 앞서는
건 없다

진로를 결정할 때 기준이 있으신가요?

'나는 어떤 걸 할 때 가장 즐겁고 보람을 느끼지?'가 기준입니다. 저는 무언가를 그리거나 만들 때 가장 즐겁습니다. 또한 제가 만든 무언가를 다른 사람이 좋아해 줄 때 가장 뿌듯함을 느낍니다. 그러한 성향이 저를 현재의 디자이너로 성장시킨 것 같네요. 지금도 제가 디자인한 웹사이트를 고객이 잘 사용하는 모습을 보면 굉장한 성취감을 느낀답니다. 항상 자기 스스로가 진로 결정의 중심이 되어야 한다고 생각해요. 그것이 역경 속에서도 꿋꿋이 버티고 나아가는 원동력이 되거든요. 좋은 결과가 생겼을 때는 자신의 결정에 대해 더 확신도 생기고요.

Question 졸업 후에 계속 웹디자이너로 일하셨나요?

저는 대학을 졸업한 후, 첫 입사를 웹디자이너로 일하게 됐어요. 그러다 보니 계속 웹디자이너로 일한 셈이죠. 요즘 회사들은 웹디자이너를 UI/UX디자이너라고도 불러요. UI는 User Interface를 UX는 User eXperience를 뜻하는데요. 웹사이트를 사용하는 사람들이 보게 되는 화면과 생각하는 것들, 느끼는 것들을 디자인하는 것을 말합니다. 제가 첫 회사를 선택할 즈음에는 UI/UX디자이너를 찾는 회사들이 점점 많아지는 시기였어요. 그래서 본격적으로 구직을 하기 전에 모바일앱이나 웹을 만드는 동아리에 가입해서 여러 경험을 했던 것 같아요.

Question 웹디자이너로서 시대의 흐름을 잘 읽는 것이 중요한가요?

　제가 디자인한 것을 사람들이 유익하게 사용하고 있다는 사실이 저에겐 가장 큰 동기부여였죠. '이젠 어떤 것을 만드는 게 좋을까'라고 한참 진로를 고민하던 중에 IT기술이 한창 발전하고 있었습니다. 대학생 때 스마트폰을 처음 써보고 웹과 모바일앱에 친숙해지게 되었었죠. 사람들이 점점 디지털 제품에 익숙해져가니까 저도 그 발전에 맞춰서 웹이나 앱을 디자인하는 것이 옳다고 생각했어요. 그래서 관련서적을 참고하고 동아리활동이나 프로젝트 진행 등 다방면으로 공부를 시작했답니다.

Question 유튜브 채널도 운영하고 계시는군요?

　스타트업에서 6년 정도 웹디자인, 모바일 앱디자인, 코딩, 브랜딩, 그래픽디자인 등 다양한 분야를 경험하고 팀을 이끌었어요. 현재는 IT커리어 콘텐츠 서비스인 '서핏(Surfit)'에서 웹사이트 제작 총괄을 맡고 있어요. 서핏은 직무 개발에 도움이 될만한 글, 이미지 등을 한 곳에 모아주는 것이 핵심인데요. 저는 사용자들이 직무 개발을 잘할 수 있도록 도와주는 기능이 어떤 것인지 리서치하고, 그 기능들을 편리하게 사용할 수 있도록 화면을 디자인하고 있습니다. 또한 Ami Design TV(youtube.com/songami)라는 유튜브 채널을 운영하면서 디자인과 스타트업 관련 지식, 디자인 프로그램 튜토리얼 등 다양한 소재의 콘텐츠를 만들고 있습니다.

본인의 업그레이드를 위해서 추진하시는 활동이 있으시다면?

디자인 팀을 이끌기 위해서는 실제로 팀을 이끌어 보는 경험을 해보는 것이 가장 좋은데요. 경력이 얼마 되지 않았을 때에는 사이드 프로젝트나 스터디 모임을 주관하는 등 사람들이 모인 자리를 총괄해보는 것으로 연습했죠. 처음에는 공부하는 주제와 사람만 모이면 되는 것으로 생각했지만, 진행하다 보니 작은 규칙들이 필요했고 각자의 역할도 중요하다는 걸 느꼈습니다. 이렇게 배운 경험을 토대로 회사에서 실제 팀을 이끌게 되었고 앞으로는 좀 더 큰 조직의 리더로서 성장하고 싶습니다.

이유 있는
디자인을
고려하라

▶ '디자이너로서 어떻게 협업하는가' 에 대해 강연하는 모습

▶ 블록체인 해커톤에서 2등한 모습

▶ 역량을 펼쳐보기 위해 서핏팀에 합류

제 첫 업무는 회사 웹사이트를 만드는 것이었어요. 우리 회사와 회사가 운영하는 프로그램을 소개하는 웹사이트였는데요. 우리 회사가 지향하는 분위기와 비슷한 회사를 찾아 그 회사의 웹사이트를 살펴보며 어떤 점들이 잘 되었는지 상세하게 분석했던 기억이 납니다. 좋은 점들만 쏙쏙 회사 사이트에 잘 반영해보니 팀원들뿐만 아니라 고객분들에게도 반응이 좋았어요. 웹디자이너는 개발자나 기획자와 같은 직군들과 협업을 많이 하는 편이기 때문에 화면을 잘 그리는 것도 중요하지만 함께 일하는 팀원들과의 소통도 중요합니다. 그렇기 때문에 다양하게 지식을 습득해야 하는데요. 예를 들어, 개발자가 자주 언급하는 'API'나 '클라이언트', '서버'와 같은 것들이 어떤 것인지 알아두면 실무에서 생긴 문제를 빠르게 이해하고 함께 대처할 수 있답니다.

Question 일 하시다보면 당황스러운 일도 있으실텐데?

어느 날 지인으로부터 '네가 디자인했던 웹사이트와 정말 똑같은 웹사이트가 하나 있는데 혹시 이거 네가 한 거야?'라는 메시지가 왔습니다. 웹사이트를 들어가보니 텍스트만 조금 교체한 정도이고, 레이아웃과 색상, 아이콘들까지 정말 똑같더라고요. 그 후로 가끔 웹사이트를 들어가 봤는데 디자인은 계속 유지하고 있는 상태였고 심지어는 그 웹사이트를 통해 수익을 창출하려는 중이었습니다. 지인조차 제가 만든 웹사이트와 혼동할 정도였으니 결국에는 법적 조치를 취했고 그 웹사이트는 폐쇄되었습니다. 이처럼 웹디자이너로 지내다 보면 자신의 디자인이 도용당하는 경험도 겪을 수 있는데요. 그럴 땐 당황하지 말고 증거를 잘 수집해 놓은 다음에 법적 자문을 꼭 받아보는 것이 좋습니다.

Question 웹디자이너로서 디자인 철학이 있으신가요?

웹디자인을 시작하고 얼마 되지 않았을 때에는 '화면을 어떻게 예쁘게 그릴 수 있을까'에 많이 집중했었어요. 그러던 어느 날, 고객 중 한 분이 특정 페이지를 말씀하시면서 '그 페이지로 가고 싶은데, 어떤 걸 눌러서 가야 할지 모르겠어요' 라는 의견을 주셨을 때, 크게 반성하게 되더라고요. 화면을 예쁘게 그리는 것도 중요하지만 고객들이 원하는 걸 쉽게 찾을 수 있도록 디자인하는 것이 매우 중요하다는 걸 깨달은 순간이었어요. 그 때부터는 '이유 있는 디자인을 하는 것'이 제 디자인 철학이 되었습니다.

Question 유튜브를 운영하시는 이유가 디자인 철학과 관련이 있나요?

화면만 예쁘게 그리면 된다는 것은 좁은 시야의 웹디자인입니다. 웹사이트를 사용하는 고객들, 웹사이트가 보이는 기기(모니터, 스마트폰 등), 웹사이트의 작동 방식 등 고려해야 할 것들과 더불어 공부해야 할 것들이 많기 때문에 늘 열려있는 마인드를 가져야 합니다. 유튜브를 통해서 제 자신만의 디자인 철학으로 디자인 팀을 이끌면서 후배 디자이너들을 양성하고 그동안 제가 배운 것들을 생산적인 방향으로 돌려주고 싶습니다. 그런 이유에서 디자인 유튜브를 운영하고 있습니다.

Question 본인만의 회사를 설립하실 계획이 있으신가요?

물론입니다. 일단 저에겐 문제점 파악, 전략 제시, 리딩 역량 등이 더 필요합니다. 그래서 저는 아침마다 업계의 동향을 파악하고 새로운 서비스가 출시되면 분석해본다거나 리더급의 사람들이 모이는 그룹에 참석하는 등 다양한 활동을 하고 있습니다. 이런 활동이 회사 설립에 중요한 밑거름이 되리라 봅니다. 일단은 지금의 회사를 크게 만들어 보는 것을 첫 번째 과제로 삼고, 그 역량을 바탕으로 저만의 회사를 설립할 예정이에요. 제가 무언가를 만드는 걸 좋아한다고 했으니, 회사를 만드는 것도 충분히 도전해볼 만한 과제라고 생각합니다.

Question 누군가 웹디자이너를 하겠다고 한다면 해 주실 말씀은?

아직도 국내외적으로 전망 있는 직업이라고 생각해요. 웹 기술도 꾸준히 발전하고 있고, 보여지는 화면의 방식은 달라질 수 있지만 UI/UX 디자이너의 수요는 꾸준히 있을 거예요. 현재도 많은 분들이 이 분야에 도전하고 있고요. 남들과 다른 나만의 강점을 갖추기 위한 도전이 필요하리라 봅니다. 지속적으로 웹 지식을 습득하고 다른 디자이너들의 작업물도 많이 검토하고 프로젝트도 직접 진행해 보는 게 도움이 됩니다.

부모님의 유연한 양육방식은 어려서부터 폭넓은 분야를 탐색하는데 도움이 되었다. 작가의 꿈을 꾸고 다양한 악기를 연주하면서 세상을 느끼고 사유하는 방식이 깊어졌다. 아마도 팔을 다치지 않았더라면 음악가의 길을 가고 있을지도 모르겠다. 진로결정에 있어서 가장 중요한 것은 바로 심장이 시키는 대로 가는 것이다. '대학내일'이라는 회사에 입사할 때조차 웹디자인에 대해 잘 모르고 있었으나 지금은 웹디자인에 큰 매력을 느끼며 일하고 있다. 재능보다는 열정이 중요하다고 생각하며, 미래보다는 현재에 충실한 삶을 방식을 추구할 때 훨씬 즐겁고 의미있는 인생이 주어질 거라 확신하고 있다.

박혜진 웹디자이너

현) 대학내일 E-Biz팀 웹 디자인
• 이랜드 외식 사업부 브랜딩 디자인
• 숙명여자대학교 디자인학부 전공

수상
• 숙명여자대학교 시각영상디자인과
  최우수 졸업작품상
• 한국언론진흥재단 뉴스 저작권 보호 광고
  공모전 최우수상 등

웹디자이너의 스케줄

박혜진
웹디자이너의
하루

09:00 ~ 10:00
▸ 기상 및 출근

20:00 ~ 22:00
▸ 개인 시간
(캠핑 또는 여행)

19:00 ~ 20:00
▸ 저녁식사

10:00 ~ 12:00
▸ 오전 근무

13:00 ~ 19:00
▸ 오후 근무

12:00 ~ 13:00
▸ 점심식사 및 휴식

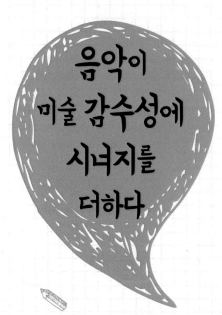

음악이
미술 감수성에
시너지를
더하다

▶ 어린시절, 피아노

▶ 어린시절, 바이올린

▶ 어린시절, 글쓰기

Question 공부를 잘하셨을 것 같은데, 성적은 어땠나요?

왜 잘했을 거라 생각하시죠? 아주 잘한 것은 아니지만 그래도 곧잘 했던 것 같아요. 성격은 지금도 그렇지만 밝고 시끄럽고 놀기 좋아하는 학생이었습니다. 연애도 열심히 하고 부모님 몰래 땡땡이도 치고요. 중학교에 입학하고 첫 중간고사 일정이 알려졌는데, 공부 잘하는 제 짝꿍이 교과서에 시험범위를 표기하는 걸 보고 깜짝 놀랐어요. 그 당시 저는 시험기간에 공부한다는 개념 자체가 없었거든요.

Question 성적이 미대에 진학하는데 도움이 되었나요?

중학교 시절부터 공부에 재미를 붙였던 것 같아요. 아마도 공부 잘하는 짝꿍에 대한 경쟁심이 발동한 것 같기도 하고요. 시험기간에는 허벅지를 찌르거나 눈 밑에 물파스를 발라가면서 잠을 쫓았죠. 새벽까지 공부해서 매일 아빠, 엄마가 번갈아가시며 만류하시던 기억도 납니다. 그 후에 면학 분위기가 좋은 인문계 고등학교에 진학했습니다. 고등학교에서의 괜찮은 성적이 미대에 진학하는데 큰 도움이 되었지요. 예체능도 성적이 중요합니다. 특히 미대는 더욱 그렇고요.

Question 진로를 선택하는 과정에서 부모님과의 마찰은 없었나요?

부모님은 저의 꿈이나 제가 하고 싶은 것에 대해 한 번도 안된다고 말씀하신 적이 없어요. 오히려 부모님은 저의 학업에 관해서는 거의 신경을 쓰지 않는 방목형으로 키워주셨죠. 자식의 성적에 관심이 많으신 부모님을 둔 친구들이 부러울 때도 있었다니까요. 저는 학원이나 과외를 스스로 찾아서 등록했고 공부도 알아서 하는 스타일이었거든요.

Question 부모님의 방목형 양육방식에 서운하진 않으셨나요?

나중에 생각해 보니, 부모님은 제가 뭘 하더라도 하고 싶은 것을 할 수 있도록 믿고 지지해 주신듯해요. 저에게 기대하신 특정한 직업은 없으셨지만 다만 어떤 사람이 되라는 가르침은 많이 주셨어요. 덕분에 작가의 꿈부터 시작해서 피아노, 바이올린, 클라리넷 등 하고 싶은 것을 해보면서 저의 진로를 찾아갔던 것 같아요. 만약 부모님이 뭔가를 강요하셨다면 저의 성격상 굉장히 힘들었을 것 같아요.

Question 혹시 학창시절 진로에 중요한 영향을 준 경험이 있었나요?

저의 현재 직업이나 미대 입시에 관련된 것은 아니지만 고등학교 때 관악부 활동을 했었어요. 정서나 감성이 더 풍요로워질 수 있었고, 나중에 미술을 하면서도 도움이 되었던 것 같아요. 꼭 같은 계열의 활동이 아니더라도 이것저것 여러 가지 경험을 하는 게 중요하다고 생각해요. 당장은 아니더라도 시간이 지나면 진로와 연결될 수도 있고 본인에게 어떤 밑거름이 될지도 모르니까요.

▶ 3년전, 뉴욕여행

심장이
시키는 대로
간다

▶ 재택근무환경

▶ 프로젝트, 대학내일 캐릿 메인화면과 목업

▶ 레게 머리 한 모습

고등학교 시절 큰 사고가 있었다고요?

돌이켜보면 어렸을 때부터 피아노를 배우긴 했지만 확실히 제 길은 아니었다고 생각해요. 천부적인 재능이 있었던 것도 아니었고요. 고등학교 1학년 때, 같은 반 남자아이와 장난을 치다가 교실 뒷문 유리에 부딪치면서 팔을 크게 다쳤어요. 병원에 가면서 두루마리 휴지 한 통을 금방 적실 만큼 피가 많이 났어요. 손바닥부터 팔꿈치까지 총 39바늘을 꿰맸어요. 손바닥 안쪽은 너무 깊게 찢어져 마취 주사를 놓을 수가 없어서 무마취 상태로 꿰맸답니다. 내부는 녹는 실, 외부는 일반실로 이중으로 꿰맨 후 한동안 입원해야 했던 큰 사고였죠.

사고 이후에 신변에 변화가 생겼나요?

수술을 마치고 의사선생님께서 아빠에게 신을 믿으면 기도하라고 하셨대요. 엄지손가락 신경이 회복될 확률이 50:50이라고 하셨더군요. 그때 마침 저는 피아노 치는 게 너무 싫을 때라 그 길로 바로 피아노를 접었어요. 다행히 지금 엄지손가락에 문제는 없습니다. 피아노를 그만두고 나름대로 열심히 공부하며 대학 입시를 준비했지만, 어떤 학과에 가고 싶은지에 대한 감이 전혀 오질 않았어요. 앞으로 어떤 사람이 되어 무엇을 할지에 대한 답이 없이 막연한 시간을 보내고 있었지요.

진로 결정 시, 결정적인 영향이나 기준이 있으셨나요?

어느 날 중학교 미술 선생님이 학교 앞에 미술 학원을 개원하시면서 저에게 미술 한번 해보는 게 어떻냐고 제안을 하셨어요. 다들 하나씩 받는다는 초등학교 미술대회 상장이 전부였지만, 그냥 그렇게 시작했어요. 그게 제 인생에서 큰 전환점이 될 거라고 그때는 몰랐지요. 감사한 분이시죠. 사실 저는 뭔가를 시도할 때 거창한 이유나 기준은 없어요. 그냥 그때그때 하고 싶은 걸 했어요. 그런 거 있잖아요. '저거 해보고 싶은데' 하는 생각에 심장이 두근대는 거.

Question **웹디자이너 이전에 다른 일을 하셨나요?**

웹디자이너 이전에 브랜딩디자인을 했었어요. 촬영 콘티를 짜고 사진 보정과 함께 키비주얼을 디자인하면서 다양한 판촉물을 제작하는 일이었습니다. 브랜딩디자인과 웹디자인의 차이점은 아트웍이 인쇄물로 구현되는지, 웹으로 구현되는지가 가장 큰 차이점입니다. 사용하는 툴이나 해상도부터 디자인할 때 고려해야 할 사항들이 많이 다르답니다.

Question 웹디자이너로 직군을 변경하신 계기가 있으실텐데요?

사실 웹디자인을 하고 싶다기보다는 '대학내일'이라는 회사에 들어가고 싶었어요. 당시 저희 팀장님이 "웹디자인은 1도 몰라도 된다, 전혀 상관없다"라고 하셔서 정말 그런 줄 알고 속아서 들어왔네요. 같은 그래픽디자인이지만 인쇄와 웹은 많이 달라서 처음에 고생을 꽤 했는데 지금은 웹디자인에 더 큰 매력을 느끼며 일하고 있습니다.

Question 초기와 달라진 마음가짐이 있을까요?

단순히 레이아웃을 예쁘게 디자인하는 디자이너가 되기보다는 프로젝트를 주도적으로 이끄는 기획력을 갖춘 디자이너가 되고 싶어요. 폭넓은 시야와 창의적인 기획력이 어느 직군보다도 중요한 부분을 차지하는 일입니다. 저의 개인적인 역량을 업그레이드하는 동시에 팀의 역량도 한껏 높이는 데 일조하고 싶고요.

▶ 프로젝트, 삼성 주니어소프트웨어창작대회 메인화면과 목업

현재
이 순간에 뜨겁게
서 있으라

▶ 팀워크샵

▶ 업무(모바일테스트)

Question 현재 다니시는 회사에 대해 알 수 있을까요?

저희 회사는 젊고 혁신적인 마케팅/콘텐츠 전문 그룹이에요. 미디어부터 마케팅, 리서치 컨설팅, 채용 솔루션 등 다양한 업무가 있고, 그에 맞추어 다양한 팀이 있지요. 저희 팀은 사이트 구축 및 운영을 담당하고 있고 저는 팀에서 웹디자인 업무를 맡고 있습니다. 회사 내 웹에이전시라고 볼 수 있지요. 웹에이전시는 클라이언트에게 사이트 구축 등의 인터넷 서비스를 전문적으로 대행하는 회사라고 생각하시면 됩니다

Question 처음부터 끝까지 혼자서 결과물을 만드시나요?

웹디자이너는 혼자 일하지 않아요. 저희 팀에서도 기획 파트, 디자인 파트, 퍼블리싱 파트, 개발 파트, 전산 파트 총 5개의 파트가 있고 스텝 바이 스텝으로 하나의 사이트를 완성해 나갑니다. 다른 파트와의 이해와 협업이 필요한 직업이에요. 따라서 상대의 입장에서 이해하고 소통하는 자세가 중요합니다.

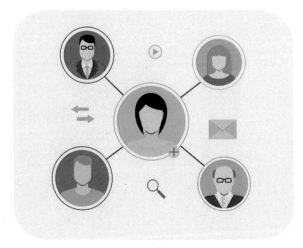

일하시는 내용과 범위가 굉장히 다양하다고 들었습니다.

기획자에게 전달받은 스토리보드를 토대로 메인페이지부터 사이트를 디자인합니다. 그 외 다양한 서브페이지부터 작은 요소인 파비콘까지, 디자인이 필요한 모든 부분을 담당하고 있어요. 퍼블리싱 파일을 받아 수정할 부분을 검토하거나 고객사의 수정사항을 반영하기도 합니다. 작업하는 사이트는 아주 다양해요. 단순한 원 페이지 이벤트 사이트도 있고, 공공기관이나 각종 기업의 다양한 목적과 요구에 맞춘 사이트를 만들고 있어요.

디자이너에게 꼭 필요한 덕목이 있을까요?

제가 의식하지 못한 채 경험했던 수많은 온라인 서비스가 사실 개조된 IT팀이 만들어낸 결과물들입니다. 예전에 다소 안 좋은 시선으로 보았던 개발자들이 지금은 상당히 멋있고 스마트한 고급 인력이라는 생각이 듭니다. 현업에 있어 보니 디자인은 재능보다는 열정인 것 같아요. 결국 많이 고민하고 많이 경험하는 게 답이라는 생각이 듭니다. 꾸준한 레퍼런스 업데이트는 물론이고, 매번 질문하고 또 질문하며 일하고 있습니다.

Question 미래보다는 현재 이 순간에 충실하신 느낌이 드는데요?

늘 고민하지만 일단은 미래에 대한 답을 정해두지 않으려고 해요. 그냥 지금처럼 행복하게 그리고 열심히 일하다 보면 어떠한 제가 만들어져 있겠죠. 전혀 상관없는 다른 일을 하고 있을 수도 있겠지요. 누군가에게는 대책 없는 미래로 보일지라도 저는 어떤 모습이든 즐겁게 살아가고 있을 거라고 믿어요.

Question 웹디자이너 지망생들에게 조언 한 말씀

웹디자이너라는 직업은 분명 매력적이지만 아직 많은 회사에서 웹디자이너에게 열악한 환경을 제공하는 것이 현실인 것 같아요. 원론적인 말이지만, 웹디자이너로 일하려고 한다면 능력에 걸맞은 대우를 해주고 분업화가 잘되며 워라밸이 어느 정도 보장되는 회사를 찾는 것이 중요하다고 말하고 싶네요. 그리고 직군을 떠나 무엇을 하더라도 즐겁게 할 수 있는 일을 찾으시길 바랍니다. 인생은 한 번뿐이니까요.

학창시절 반장을 여러 차례 하였으며 발표와 토론을 잘하였고 언어에도 관심이 많은 학생이었다. 하지만 예체능 점수가 다른 과목에 비해 우수하게 나와서 당황하기도 했다. 대학 진학은 일본어과로 정하였고 일본에서 어학연수를 할 정도로 일본 문화에 대한 관심을 많이 가졌다. 하지만 졸업 후 일본 무역회사의 업무는 보람과 흥미와는 거리가 멀었다. 컴퓨터 공학을 전공했던 동료 언니의 권유로 시작한 포토 공부와 블로그 꾸미기는 웹디자이너로서 진출하는 결정적인 계기가 되었다. 야근도 많고 시행착오도 많았지만 출시된 앱을 보며 느끼는 보람과 감동은 웹디자인 업무에 더욱 몰입하게 했다. 현재는 1인 기업 디자인 스튜디오를 운영하며 '비움의 미학'을 바탕으로 웹디자인의 새로운 세계를 개척하고 있다.

- -

고은비 | 웹디자이너

현) 대기업 인하우스(한컴, 카카오 계열사 등)
현) 에이전시 근무/프리랜서 활동
- 브랜드 리뉴얼
- '모노비디자인' 설립

수상
- KT 채용 사이트(kt recruit)
  웹 어워드 코리아 서비스부문 최우수상

웹디자이너의 스케줄

고은비
웹디자이너의
하루

09:00 ~ 10:00
▶ 모닝커피 타임 및 워밍업
(스케줄 체크&업무 준비)

10:00 ~ 12:30
▶ 오전 업무
(디자인 발송 작업)

12:30 ~ 13:30
▶ 점심 식사

13:30 ~ 15:30
▶ 오후 업무
(디자인 의뢰 상담)
15:30 ~ 16:00
▶ break time
(모니터를 보지 않는
쉬는 시간)

16:00 ~ 19:00
▶ 오후 업무 (디자인 작업)
19:00 ~ 20:30
▶ 저녁 준비 및 식사

20:30 ~ 24:30
▶ 자유 시간
▶ 휴식 및 취침

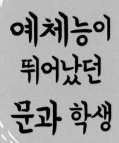

예체능이
뛰어났던
문과 학생

▶ 일본유학, 교환학생 입학식

▶ 일본유학, 와세다대학교앞에서

▶ 일본여행

Question 학창생활은 어떠셨나요?

저는 외향성과 내향성을 둘 다 갖춘 아이였던 것 같아요. 굳이 나누자면 외향 65, 내향 35 정도랄까요? 성적도 그냥 평범했어요. 반에서 아주 상위권은 아니었고 한 4~5등 정도였던 것 같아요. 발표나 토론도 잘했고 반장선거에도 매번 나가서 반장도 자주 했었어요. 친한 친구들 앞에서는 웃기는 얘기도 잘하고 리더처럼 이끌기도 했지만, 때론 혼자 사색하며 음악 듣는 걸 좋아했던 아이였어요. 군중 속의 고독을 즐기기도 하고 상황이나 분위기에 따라 굉장히 조용하기도 했던 것 같아요.

Question 부모님은 안정적인 다른 직업을 원하지 않으셨나요?

부모님은 안정적인 직업을 원하셨어요. 제가 말하거나 가르치는 것도 좋아해서 학교 선생님을 하면 잘할 것 같다고 하셨어요. 제 학창시절 장래희망도 비슷했어요. 그런데 문과였는데 예체능 점수가 항상 제일 잘 나와서 신기했어요. 제 학창시절 때는 '수우미 양가'로 등급을 매겼는데 항상 음악, 미술, 체육 등의 예체능 과목이 '수수수'였답니다. 언어를 좋아해서 국어나 외국어 선생님이 되고 싶다는 막연한 생각도 했었고요. 아버지가 교육업에 종사하고 계셔서 자연스레 선생님이라는 직업에 어려서부터 노출이 되었던 것도 영향이 있었던 것 같아요.

학창시절 진로에 도움이 될 만한 경험이나 계기가 있었을까요?

초등학생 때, 'PC도우미'라는 교내 활동을 했었어요. 인터넷이 막 보급되기 시작했었고 천리안을 사용할 때였는데 각 반마다 수업용으로 사용할 수 있는 컴퓨터가 있었던 것으로 기억해요. 'PC도우미' 활동은 인터넷을 좀 더 수월하게 사용할 수 있도록 각 반 선생님들과 아이들에게 미리 습득해서 알려주는 도우미 역할이었어요. 거기에 선발되어서 컴퓨터를 제 또래 애들보다 좀 더 빨리 접할 수 있었던 것 같아요. 당시 12살의 나이에 인터넷뿐만 아니라 디지털 카메라도 직접 구입했었고 선생님과 친구들과 출사도 다니면서 사진찍기와 사진 보정에 대한 새미를 붙였어요. 그 때 포토샵을 처음 사용해 봤습니다.

일본어를 전공하셨는데 이유가 있을까요?

고등학교 때 제 2외국어가 일본어였어요. 일본어를 그전까지는 잘 몰랐는데 제 2외국어로 공부하면서 너무 재미있는 거예요. 좋아하니까 당연히 일본어 성적도 좋았고요. 일본 드라마, 일본 애니메이션, 일본 가수, 일본 음악 등 그때부터 일본 문화에 대한 어마어마한 덕질이 시작됐죠. 그렇게 해서 일본어과에 진학하게 되었답니다.

Question 일본 어학연수는 어떠셨나요?

일본에서의 어학연수는 정말 재밌었어요. 처음 반년은 사설 어학교에 어학연수로 다녀왔고, 나머지 반년은 저희 학교와 체결되어 있는 일본 대학교에 교환학생으로 다녀왔습니다. 다양한 국적의 친구들과 일본어라는 공통언어로 의사소통을 한다는 게 정말 신기하고 좋았어요. 내 일본어가 현지 일본인들에게 통한다는 그 희열을 느낄 때 이루 말할 수 없이 벅찼고요. 언어는 확실히 그 나라에 가서 사용해야 함을 깨닫게 되었죠. 그전까지는 이론과 문법으로만 알았었는데 실제로 말문이 트이게 된 것도 유학을 다녀온 이후부터였거든요. 유학 시절에 만난 일본인 친구들과 벌써 10년 넘게 알고 지낼 만큼 좋은 인연도 생겼어요.

Question 진로 결정 시 가장 영향을 많이 주신 멘토분이 계신가요?

디자인 일을 시작하기 전에 다녔던 직장동료 언니에요. 그때 저는 전혀 다른 직무로 일을 하고 있었고 작은 회사여서 이것저것 개인이 해야 할 일이 많았던 회사였죠. 쇼핑몰 관련 일도 있어서 촬영도 직접 하고 보정도 하고 업로드도 하고 심지어 모델도 했었답니다. 그때 동료 언니가 저의 컴퓨터 소질을 인정해 주었고 포토샵 공부를 권유했었죠. 심지어 본인 디자인 교재를 제본 떠서 주더라고요. 그 언니는 컴퓨터공학을 전공해서 컴퓨터를 잘 했었거든요. 참 고마운 언니죠. 그 책을 받아서 열심히 혼자 독학했는데 엄청 재미있는 거예요. 그때 회사를 다니면서 틈틈이 포토샵 공부도 했고 취미로 블로그를 열심히 꾸몄던 기억도 납니다.일본어를 전공하셨는데 이유가 있을까요?

흥미와 보람이 전공을 바꾸다

▶ 취미활동, 밴드부 공연 보컬

▶ 프로젝트활동, KT채용 모바일사이트

▶ 프로젝트활동, 카카오엔터프라이즈
뉴크루가이드 웹사이트

Question 진로를 결정할 때 흥미가 그렇게 중요한가요?

　물론이죠. 잘하는 일이 직업이 된다면 좋겠지만 혹시 아주 잘하지는 못하더라도 그 일을 직업으로 지속할 수 있는 원동력은 바로 '흥미'라고 생각해요. 좋아하는 일을 직업으로 삼을지에 대한 여부는 각자의 기준이 있겠지만, 저는 기본적으로는 '좋아하는 일'이어야 한다고 생각합니다. 일을 하다보면 인간관계처럼 분명히 권태기가 찾아오거든요. 그리고 그 권태기를 극복할 수 있는 힘은 바로 재미와 흥미라고 봅니다. 하지만 가장 좋아하는 일은 오히려 취미로 남겨두는 것도 좋을 것 같네요. 최애 분야는 취미로 남겨두면서 그다음으로 좋아하는 일이 직업이면 가장 이상적이지 않을까요?

Question 졸업 후에 일본어 전공을 살리셨나요?

　처음엔 전공을 살려 일본 무역회사에서 근무했었습니다. 수출/수입 관리, 바이어 응대, 통번역 등의 일을 했었지요. 저는 제가 좋아하는 일본어를 사용하는 일이라면 무조건 재미있을 줄 알았어요. 하지만 현실은 너무 달랐죠. 친구들과 일상 대화를 하면서 느끼던 일본어의 재미가 생소한 무역 분야에까지 이어지지는 않았습니다. 그리고 밤늦게까지 종종 바이어 접대를 해야 했지요. 몸이 지치고 점점 스트레스가 쌓이면서 흥미를 잃었답니다.

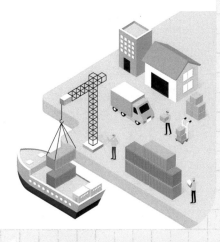

웹디자이너로 직군을 변경하신 계기는 무엇이었나요?

일본 무역회사를 그만두고 당시 국가지원금을 지원받는 청년채용으로 고용이 되었었죠. 고용기간인 6개월이 지나자 회사 대표님이 갑자기 제 분야와 전혀 상관없는 업무까지 시키시는 거예요. 결국 1년 정도 다니다가 퇴사하게 되었죠. 당시 제 나이가 24살이었습니다. 도전하면 무엇이든 할 수 있겠다는 생각으로 제 스스로에게 가장 본질적인 질문을 던지기 시작했어요. 지금 당장이 아닌, 10년 후 혹은 20년 후에 내가 정말 되고 싶은 모습은 어떤 모습일까?를 질문했던 것 같아요. 저는 제 기본 철학에도 부합하는 '잘하면서도 흥미가 있는, 그러나 1순위가 아니라 두 번째로 좋아하는' 바로 웹디자인을 직업으로 삼기로 결심했어요.

Question **이전 직업에서는 못 느끼던 무엇인가를 느끼신다고요?**

이전에는 제가 하는 일에 대한 결과물이 눈으로 보이지 않아서 상대적으로 보람을 느끼는 게 적었어요. 뭔가 일은 하고 있는데 결과적으로 남는 게 없다는 느낌에 허탈하기도 했고, '프로젝트를 해냈다'라는 느낌보다는 '쌓인 일을 해치웠다'라는 느낌이 더 강했죠. 그에 반해 웹디자인 일은 내가 만드는 디자인 결과물이 바로바로 눈으로 보이는 거예요. 실제로 제가 직접 만든 디자인을 사용하는 사용자의 피드백을 실시간으로 들을 수 있다는 것이 매력이죠. 생생한 서비스를 제작하는 보람과 희열을 느끼는 직업이 많지는 않으리라 봅니다.

웹디자이너로서의 첫 업무는 수월했나요?

웹디자이너로 입사했던 첫 직장은 조선일보 계열사로 당시 앱서비스 제작을 주로 했었습니다. 퀴즈를 풀고 포인트를 쌓는 리워드앱 '헬로퀴즈'라는 앱디자인 작업을 진행했었는데 디자이너가 저 혼자다 보니 디자인 뿐만 아니라 기획과 퍼블리싱까지 다 참여했었죠. 정말 뼈를 갈아 자식을 낳는 심정으로 출시했던 경험이었습니다. 야근도 많이 하고 처음이어서 시행착오도 많았지만 출시된 앱을 보고 너무 뿌듯하고 즐거웠던 기억이 아직도 생생합니다.

Question 분명한 비전을 찾기 위해서 다양한 경험이 필요할까요?

자신이 누구인지 알기 위해서는 다양한 경험을 해봐야 한다고 생각해요. 뭘 좋아하는지, 싫어하는지, 어떤 게 편하고 어떤 게 불편한지. 비단 디자인뿐만 아니라 인생에서 다양한 경험을 통해 자기 자신을 좀 더 정확하게 알아간다고 생각해요. 전 서울 토박이지만 기업 비전과 방향성이 맞다면 어디든지 도전해 왔어요. 일본계 IT기업을 다니고 싶어 대구에 내려가 근무해보기도 했고, 철강산업 분야의 작업을 해보고 싶어서 포항에 내려가 포스코와 함께 협업을 하기도 했었어요. 바로 이전 3~4년 동안은 대한민국의 실리콘 밸리인 판교에서 활동하며 마이다스아이티, 한컴, 그리고 카카오 계열사인 디케이테크인에서도 근무하면서 다양한 경험을 축적할 수 있었습니다.

Question 웹디자이너의 몸값은 자기 하기 나름이라고요?

　웹디자이너는 신입 때는 대기업이 아니고서는 대부분 박봉이 많아요. 연봉 2000만원대 초반이거나 그 이하도 있어요. 대신, 일반 사무직과 다른 점은 연차가 쌓이고 경력이 쌓이는 만큼 본인의 실력과 능력에 따라 얼마든지 몸값을 올릴 수 있는 장점이 있어요. 본인이 최종 목표를 어떤 것으로 삼느냐에 따라(대기업 인하우스 디자이너든 에이전시의 디자인팀 리더이든, 아니면 저처럼 디자인 기업을 차리는 것이든) 분명한 방향성을 가진다면 충분히 발전 가능성이 있는 직업이라고 생각합니다. 중요한 것은 자신만의 특유의 철학과 색깔을 지녀야할 것 같아요. 삼성하면 블루, 애플하면 사과마크처럼요. 그러기 위해서 앞으로도 직, 간접적으로 더 많은 경험을 하고 더 많은 고민과 공부를 할 것이며 확고한 디자인 가치관과 색깔을 찾아가기 위한 탐험을 멈추지 않을 생각입니다.

Question 좋은 디자이너는 '보는 눈'이 있어야 한다던데?

　일단 안주하지 않는 디자이너가 성장할 수 있다고 생각해요. 최신 UI/UX디자인 트렌드나 최근에 런칭한 웹사이트, 앱디자인 등을 자주 찾아보고 국내뿐만 아니라 해외 디자인까지 틈틈히 레퍼런스로 찾아보다 보면 디자인을 '보는 눈'이 생겨납니다. 잘 만든 디자인은 어떤 건지, 그 이유는 무엇인지 등 자신만의 분석을 진행하고 데이터로 정리해 보는 것도 좋아요. 그렇게 해서 완성도 높은(well-made) 디자인과 그렇지 않은 디자인을 구별하는 눈을 가지게 된다면 훨씬 좋은 디자이너로 성장할 수 있습니다.

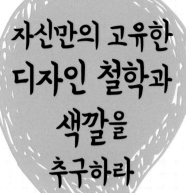

자신만의 고유한
디자인 철학과
색깔을
추구하라

▶ 디자인작업모습, 데스크셋업

▶ 디자인작업모습, 카페에서

▶ 디자인작업모습, 스케줄관리

▶ 로고작업, 핸드스케치

운영하시는 1인 기업의 철학과 업무 내용이 궁금합니다.

저는 현재 1인 기업 디자인 스튜디오, '모노비디자인'을 운영하고 있습니다. 모노비디자인은 '미니멀한 디자인'을 기본 모토로 삼고 있으며 진정한 디자인은 채움이 아닌 비움으로 완성된다고 생각해요. 비움의 미학으로 디자인 최고의 아름다움을 추구한다고 말한다면 이해가 되실까요? 주로 웹사이트, 모바일 사이트를 비롯한 UI/UX 디자인을 전문 분야로 하고 있으며, 앱디자인과 편집디자인도 함께 진행하고 있어요.

업무가 구체적으로 어떻게 진행되는지 궁금합니다.

저는 웹디자인, 앱디자인, 편집디자인을 하고 있어요. 프로젝트가 시작되면 우선 프로젝트 기획서와 기존 디자인 등을 분석하는 시간을 가집니다. 현재는 어떤 상태인지(as-is), 새롭게 변경될 디자인은 어떤 방향으로 가야할지(to-be) 파악하고 분석하는 단계죠. 어느 정도 분석이 완료되면 디자인 컨셉을 정하기 위해 레퍼런스를 조사해요. 만들고자 하는 디자인의 레이아웃이나 컬러, 느낌 등을 참고하기 위해 디자인을 찾아보는 작업이죠. 레퍼런스 조사는 몇 시간에서 많게는 며칠씩 걸리는 중요한 작업이랍니다. 조사가 잘되면 그다음 디자인 작업은 훨씬 수월해져요. 레퍼런스 조사가 끝나고 비로소 디자인 작업을 시작합니다. 1차 시안 작업을 해서 클라이언트에게 공유해 드리고 피드백을 받아요. 보통은 1차에서 끝나지는 않고 처음 시안에서 2차, 3차까지 수정작업을 진행합니다.

Question **업무를 진행하시면서 애로사항은 어떤 것이 있을까요?**

여러 번의 시안,수정 작업을 걸치고 최종 컨펌 후에 디자인을 완성하고 결과물을 전달합니다. 이렇게 진행하는데 여러 날, 많은 시간이 소요됩니다. 외주 작업을 하다보면 다양한 분을 만나는데요. 소위 '가격을 후려친다'라고 하죠. 편의점 최저 시급도 만원 가까이 되는데 홈페이지 디자인을 10~20만원에 해달라고 하시는 분들이 의외로 많이 있어요. 제 공식대로라면 하루 만에 뚝딱 만들어서 드려야하는데, 참 너무하다는 생각이 들어요. 앞으로 디자인을 쉽게 생각하여 저가로 제작하려는 산업구조가 바뀌었으면 하는 게 저의 가장 큰 희망사항입니다.

Question **웹디자이너가 되고 나서 알게 되신 불편한 진실은?**

"세상은 넓고 잘하는 디자이너는 정말 많다." - 1차 충격

"그렇지만 생각보다 대충 만드는 디자이너도 정말 많다." - 2차 충격

사실 웹디자인이라고 해서 다 같은 디자인이 아니에요. 어떤 작업물은 라인 컬러, 버튼 하나, 폰트 사이즈 등 작은 요소 하나까지 많은 수정 작업과 고민을 통해 나온 것이 있는 반면, 어떤 작업물은 정말 아무 고민 없이 만들었다는 게 생생히 보이거든요. 웹디자이너가 되지 않았더라면 몰랐을 진실들입니다.

Question

대한민국에서 웹디자이너로서 서운하고 개선될 사항이 있을까요?

종종 디자인을 너무 쉽게 생각하시는 경향이 있어요. 우리나라에서는 정말 대우받지 못하는 직군 중 하나가 디자인 직군이라고 생각합니다. 디자인에 대해 적정한 가격을 지불하는 것은 아까워하면서도 막상 지불한 만큼의 퀄리티로 디자인을 제시하면 "디자인이 별로네"라고 말합니다. 이런 점들은 비록 시간이 오래 걸리더라도 반드시 개선되었으면 하는 부분이에요. 여러분이 보시는 웹사이트의 아주 작은 버튼 하나, 팝업 한 개를 만들더라도 그 디자인 안에는 수많은 리서치와 레퍼런스와 디자인 테스트 그리고 노력이 들어가서 만든 결과물이라는 것을 알아주셨으면 좋겠습니다.

Question

1인 디자인 기업 너머에 어떤 꿈을 그리고 계시는지?

저는 8년차 웹디자이너이자 1인 디자인 기업을 운영하며 프리랜서활동을 하고 있어요. 직장생활을 하다가 저만의 디자인 기업을 차리고 싶어서 퇴사 후 현재는 프리랜서로 디자인 작업을 진행하고 있습니다. 사업을 시작하고 나서는 그동안 회사에서 디자이너로 일할 때는 몰랐던 부분을 많이 알게 되었죠. 단순히 디자인이나 실무뿐만 아니라 이제는 사업가의 입장에서 생각하게 되었고 앞으로의 사업 방향이나 목표, 커뮤니케이션, 마케팅, 영업 등 확실히 전보다 시야가 넓어진 느낌이에요. 그래서 다음 단계는 실무만 다루는 디자이너가 아닌, 직원까지 채용할 수 있는 사업체 대표로서 일하는 겁니다.

웹디자이너로 입직하기 위해서 꼭 필요한 것이 무엇일까요?

　저는 서른 이전이라면 완전 추천해요. 디자이너라는 직업은 감각과 센스가 중요한 직업이라서 아무래도 물리적인 나이를 무시할 수는 없다고 봐요. 경력직이면 얘기가 다르겠지만, 첫 시작을 서른이 넘어 시작하기에는 솔직히 좀 무리가 있습니다. 신입으로 기업에 입사하려면 기업에서 선호하는 연령대가 현실적으로 이십대 후반이 넘어가면 조금 힘들 수도 있고요. 하지만 본인이 어느 정도 타고난 미적 감각이 있거나 디자인에 흥미가 있다면 너무 겁먹지 말고 도전해 봐도 좋을 것 같아요. 웹디자이너는 다른 직업에 비해 스펙이나 배경보다는 비교적 본인의 능력과 실력으로 승부할 수 있는 직업이라고 생각합니다. 그래서 무엇보다 포트폴리오가 정말로 중요하죠. 저는 웹디자이너를 하고 싶다는 지인들에게 "8할이 포트폴리오"라고 말해요. 포트폴리오에 목숨을 걸어야 합니다. 저도 처음 신입 때 포트폴리오 작업을 한 달간 매일 12시간씩 밤새워 작업했던 기억이 있어요.

Question **웹디자이너 지망생들에게 조언 한 말씀**

　디자이너는 업계 트렌드에 민감하게 반응하면서 꾸준히 공부하고 노력해야 하는 직업이에요. 유행이나 트렌드는 시시때때로 자주 바뀌기도 하고 오랜 관습처럼 굳어진 패턴 같은 것도 있어서 항상 예의주시하며 관찰해야 합니다. 그리고 그것을 따르고 지키며 내 것으로 만드는 노력을 반드시 해야 해요. 현재 포토샵, 일러스트뿐만 아니라 스케치, 피그마, XD 등 새로운 디자인 툴이 생겨나고 있습니다. 업계에서 자주 사용하는 툴에 적응하기 위해 더 나은 환경의 툴을 신속히 습득해야 합니다. 조금이라도 방심하거나 안주해버리면 그대로 뒤쳐지기 십상이죠. 따라서 항상 촉각을 곤두세우고 언제나 새로운 것을 배우고 받아들이는 자세가 가장 중요합니다.

엘리트였던 형과는 달리 사춘기에 좌충우돌하는 캐릭터였다. 한때 아버지의 뒤를 이어 법조인의 길을 가겠다는 생각도 했었지만 공부에 큰 자질이 없어 포기하고 디자이너의 꿈을 꾸게 되었다. 2년도 안되는 기간 동안 디자인 관련 대학을 준비했었고 시각디자인과 산업디자인을 구별하지 못할 정도로 디자인 분야를 몰랐었다. 다행히도 대학을 들어온 이후에 때마다 중요한 멘토를 만나게 되었고 다양한 디자인 세계와 접하면서 시대의 요청에 발맞추어 변화해 오고 있다. 다음 단계는 프로덕트 오너의 커리어를 쌓기 위해 다양한 공부와 시도를 하고 있다. 2년 전 큰 병을 앓은 이후에 삶에 대한 새로운 조명을 하게 되었고, 업무를 통해 세상을 유익하게 하는 목표도 분명히 하게 되었다.

석온슬 웹디자이너

현) Ringle(링글잉글리시에듀케이션) Product designer
• Upgrade, Inc. Interaction designer intern 석사
• Academy of Art University Web & New Media
• 모션그래픽 스튜디오 'Dpub'
  2D/3D 모션그래픽 디자이너
• 영남대학교 시각디자인학과 졸업

웹디자이너의 스케줄

석온슬
웹디자이너의
하루

22:00 ~ 01:00
▶ 영어 회화 스터디
▶ 강이지 산책
▶ 샤워 및 취침

06:30 ~ 09:10
▶ 아침 식사 및 운동

19:00 ~ 22:00
▶ 퇴근 및 저녁 식사
▶ 개인 휴식 및 가족 생활

08:30 ~ 10:00
▶ 출근
10:00 ~ 12:00
▶ 오전 근무

13:00 ~ 19:00
▶ 오후 근무

12:00 ~ 13:00
▶ 점심 식사 및 휴식

주전자 뚜껑에
구멍만 뚫어도
특허다

▶ 미국 대학원 하던도중에 영어가 많이 부족했던 때,
   도움을 주던 원어민을 찾아간 때

▶ 대학교 졸업작품 심사 대기 중

▶ 대학교 졸업식 친구들과 함께(오른쪽 2번째 본인)

학창시절 성격의 변화가 생기게 된 계기가 있었나요?

초등학교 때는 엄청 밝았다는 생각이 들어요. 초등학교 1학년 때부터 6학년 때까지 빠짐없이 계주 선수를 했을 만큼 운동도 잘했어요. 중학교 진학을 하면서 친형과 같은 학교를 다니게 되었어요. 모든 선생님들의 총애를 받던 친형은 공부를 엄청 잘하는 엘리트였었기에 제가 그 학교를 입학할 당시엔 선생님들이 저를 무척 예뻐하셨죠. 형처럼 공부를 잘할 줄 아셨던 거죠. 하지만 학교에서 1학년 1학기에 다리도 다쳤고 이런저런 사고를 치면서, 선생님들에게 형에게는 미치지 못하는 캐릭터란 것을 의도치 않게 알리게 됐던 것 같아요. 말썽꾸러기에 공부에는 관심이 없던 학생이었지요. 사춘기가 오면서 예전만큼 활발하지 않다는 것을 제 스스로가 많이 느꼈던 것 같아요. 고등학교로 진학하면서는 초등학교 시절처럼 외향적으로 보내고 싶었어요. 1학년 때에는 적극적으로 반장을 하고 싶어서 반장선거를 나가서 반장이 되었고, 2학년 때는 부반장을 하면서 그해 여름방학 때부터 미술 공부를 시작했어요.

Question **공부는 초등학교 때부터 잘하셨나요?**

초,중학교 때는 공부를 아주 못했어요. 그런데 고등학교에 진학하면서 갑작스럽게 반장이 하고 싶어서 반장선거에 나가게 되었고 운 좋게 반장이 되었죠. 그때 '반장은 공부를 잘해야 된다'라는 생각을 불현듯 했던 것 같아요. 그 덕에 고등학교 1학년 때 처음으로 시험공부라는 것을 해봤던 것 같아요. 전교생이 500명 중에 70~80등 정도의 성적이었죠. 학년이 올라가면서 점점 성적이 떨어져서 150등 정도로 밀려났던 것으로 기억해요. 2학년 여름방학 때부터 미술을 시작하면서 공부를 등한시 하게 되었던 것 같아요. 제가 입시를 준비할 때까지만 해도 서울대를 제외한 나머지 대학교는 실기를 위주로 학생을 뽑았으니까요. 그러다 보니 미술 실기에 시간을 많이 할애하면서 공부와는 다시 멀어지게 되었지요.

고등학교 동아리 활동을 신문부에서 하신 걸 보니 글을 잘 쓰셨군요?

고등학교 때 학교 신문부에 들어가게 되었어요. 제가 1회 졸업생이었기에 교내 첫 신문부의 창립 멤버가 되었던 것이죠. 들어가게 된 계기가 재밌어요. 언어과목 과제에서 신문기사를 쓰는 과제를 받게 되었어요. 여러 가지 신문을 찾아보고 신문기사의 말투들을 보니 일정한 패턴이 있더라고요. 그 패턴을 익혀서 신문기사를 만들어 과제로 제출했더니 담임 선생님께서 언어 선생님께 저를 신문부로 넣어 달라고 요청을 하셨어요. 사실 저는 컴퓨터게임부에 들어가길 원했지만 원치 않는 돌발상황이 발생한 거죠. 신문부 활동을 하면서 언어 선생님께서는 뒤늦게 제가 그렇게 글에 소질이 없다는 걸 아셨을 거예요. 하지만 신문부에는 공부 잘하는 친구들이 대부분이었고, 그런 친구들과 많이 교류하면서 친해질 수 있어서 좋았던 것 같아요.

법조인의 길로 갈 수도 있지 않았나요?

아버지께선 제가 아버지의 직업을 이어가길 바라셨던 것 같아요. 아버지께선 아직도 멋진 모습으로 변호사 사무소를 운영하고 계십니다. 어릴 때에는 저도 아버지의 바람대로 그 직업을 갖고 싶다고 생각했어요. 하지만 커가면서 그 길은 내 길이 아니라는 생각이 들더군요. 공부에 큰 자질이 없는 저로서는 변호사가 되는 길이 그렇게 험난한 길인지 몰랐었고, 이를 깨달으면서 그 꿈을 접게 되었죠. 다행히도 디자인을 하겠다고 부모님께 말씀드렸을 때, 저를 반대하지 않으시고 적극적으로 지원해 주셨어요. 그게 큰 힘이 되었지요. 지금은 최선의 길로 왔다고 생각하고 있어요.

Question 주전자 뚜껑에 구멍만 뚫어도 특허라고요?

진로를 선택할 수 있었던 계기는 초등학교 때 했던 '창의적 아이디어 그려오기' 숙제에서 비롯되었답니다. 선생님께서 숙제를 내주시면서 하시던 말씀이 기억납니다. "주전자 뚜껑에 구멍만 뚫어도 특허다. 그 사람은 그 특허로 돈을 아주 많이 벌었단다" 그 말씀이 바로 제가 진로를 선택하는 데 아주 결정적인 역할을 했습니다.

Question 진로를 결정하게 된 과정을 좀 더 자세히 설명해 주시겠어요?

고등학교 2학년 때, 초등학교 선생님을 떠올리며 어떻게 하면 주전자에 구멍을 잘 뚫고 그것을 특허로 이어갈 수 있을지를 고민하게 되었는데요. 그러기 위해선 먼저 어디에 어떻게 구멍을 뚫을 것인지, 또 어떤 크기로 구멍을 뚫을 것인지를 디자인해야 하는 것이 중요하다는 생각이 들더라고요. 그 일이 바로 디자이너의 일임을 깨닫게 되었습니다. 결과적으로 초등학교 시절 숙제를 내주시면서 선생님께서 해주셨던 말씀이 저를 여기까지 오게 했군요. 처음엔 시각디자인과 산업디자인에 대한 개념 자체가 모호했어요. 그래서 경쟁률이 더 높은 게 더 낫겠거니 하고 지원하게 되었는데 개인적으론 잘 선택한 것 같아요. 어릴 때 꿈꿔 왔던 특허관련 상품을 만드는 디자인을 하려면 산업디자인과가 어울리겠지만, 제 적성을 고려해 보면 시각디자인학과가 맞아요.

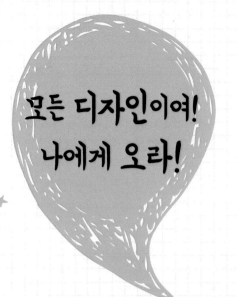

모든 디자인이여!
나에게 오라!

▶ Death valley 사막 여행 중 (2018년 12월)

▶ 샌프란시스코 트램 지도 유저테스트

▶ 사용자 인증방식 UX_UI디자인

멘토가 무수히 많으셨다고요?

공부에서 디자인으로 방향을 전환할 수 있도록 도움을 주신 분은 언어 학원의 김효상 선생님입니다. 그분이 저의 잠재능력을 잘 파악하신 삼촌 같은 분이셨죠. 대학교 시절에는 영상디자인이라는 영역으로 저를 잘 이끌어주셨던 김해태 교수님이 생각납니다. 대학 생활에서 저를 무한한 신뢰로 믿고 지지해 주셨던 분이셨고 영상디자인에 정착하도록 많은 도움을 주셨답니다. 이 영상디자인 기술들이 나중에 저를 모션그래픽디자이너로 진화할 수 있게 해줬으니까요. 모션그래픽디자이너에서 인터랙션디자이너를 지나서 프로덕트디자이너(Product designer: UX/UI 디자인을 모두 할 수 있는 디자이너)에 이르기까지 멘토링을 해주셨던 Ashely Ryo, Kyo Kim, Sam Jang, Woo Jang 등 많은 분들이 계십니다.

Question 어떻게 그렇게 많은 멘토를 만날 수 있었을까요?

제가 많은 멘토분들을 만나게 된 이유는 제 진로가 계속해서 변화하고 있었기 때문입니다. 각 진로(공부 디자인 영상디자인 모션그래픽디자인 인터랙션디자인 프로덕트디자인) 마다 한 획을 그을 수 있도록 도움을 주셨던 분들은 어쩌면 제 스스로가 찾아낸 분들이라는 생각이 듭니다. 현재의 직업을 갖게 해준 Ashely Ryo님을 비롯한 다른 분들은 모두 미국 샌프란시스코에서 만났었죠. 치열한 실리콘밸리의 경쟁에서 살아남아서 후배들에게 훌륭한 본보기가 되고 있었거든요. '진로'라는 것이 앞으로도 끊임없이 변할 것 같아요. 다양한 사람의 말을 열린 마음으로 듣고 적용한다면 무수한 멘토를 만나리라 봅니다.

Question 진로를 결정할 때 워라밸의 기준이 점점 중요해지는 이유가 있을까요?

저는 제 직종에 대한 가치와 처우를 최우선으로 생각하는 것 같아요. 그 다음이 '워라밸(Work and Life Balance)'이죠. 제가 하는 일에 대해서 많은 사람들이 무시를 한다면 직업에 대한 자긍심은 당연히 떨어지겠죠. 제가 하는 일이 타인들로부터 지지를 받고 있는지, 나의 일이 타인들에게 긍정적인 경험을 부여하는지, 나의 일이 타인들에게 문제 해결에 도움을 주는지가 가장 중요하죠. 그 다음에 워라밸을 고민하는 것 같아요. 결혼을 하기 전에는 워라밸이라는 것에 전혀 신경을 쓰지 않았었어요. 디자인하는 것이 재미있고 삶의 원동력이 되었거든요. 하지만 결혼을 하고 난 뒤에는 많은 것이 바뀌더라고요. 나뿐만 아니라 나의 가족과 함께 보내는 시간이 점점 중요하게 다가왔고, 이제는 진로를 결정할 때 가치와 처우와 더불어 가족과 보낼 수 있는 시간이 중요한 기준으로 다가옵니다.

Question 웹디자이너 이전에 다른 일도 하셨나요?

모션그래픽디자이너로 일을 했었어요. TV 광고나 영화관에 나오는 광고, 홀로그램, 아이콘의 움직임 등 다양한 움직임을 제작하는 일이었죠. 제가 참여했던 가장 큰 프로젝트는 'SM 엔터테인먼트'의 'Oz School'이라는 홀로그램 콘서트 제작 프로젝트였어요. 2D와 3D를 섞어서 몇 겹의 천 위에 만든 영상을 투사해서 마치 실제로 연예인이 무대에 서 있는 것처럼 만드는 작업이었죠. 그때 많은 연예인도 보게 되었고 특히, 제가 만든 효과가 뽑혀서 모든 Oz School 효과에 일괄적으로 적용되었답니다. 홀로그램 콘서트가 끝나고 크래딧이 올라갈 때 저의 이름을 보고 굉장히 흐뭇해하던 기억이 나는군요.

Question UX/UI가 그렇게 매력적인 분야인가요?

샌프란시스코에 있는 Academy of Art University(이하 AAU)로 석사학위를 취득하기 위해 유학을 갔을 때였어요. 저는 모션그래픽디자이너로서 역량을 좀 더 개발하기 위해 유학의 길에 올랐지만, 정작 그곳에서 영상이 아닌 다른 세상을 보게 되었어요. 혁신의 지역인 실리콘밸리에서는 개발자들과 UX/UI 디자이너들이 대세를 이루고 있었던 것이죠. 도 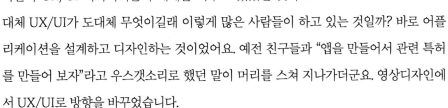 대체 UX/UI가 도대체 무엇이길래 이렇게 많은 사람들이 하고 있는 것일까? 바로 어플리케이션을 설계하고 디자인하는 것이었어요. 예전 친구들과 "앱을 만들어서 관련 특허를 만들어 보자"라고 우스갯소리로 했던 말이 머리를 스쳐 지나가더군요. 영상디자인에서 UX/UI로 방향을 바꾸었습니다.

현재의 웹디자이너는 치밀함과 단순함을 추구한다고요?

'화려함과 시각적 압도'라는 표현이 이전 직업에 어울리는 표현이라면, '치밀함과 단순함'이 현재의 웹디자이너에게 가장 어울리는 표현일 것입니다. 정말 큰 차이죠. 개인적인 생각이지만, 모션그래픽은 보는 사람이 매료돼서 일단 영상을 보기 시작하면 다른 곳으로 시선을 돌리지 못하도록 하는 화려함과 영상미로 시청자를 압도하는 영상 작업물이죠. 반면, 웹디자이너(UX/UI)가 만든 웹과 앱은 사용자가 작업물들(어플리케이션 혹은 웹사이트 등)을 만지며 이를 사용하는데 있어서 막힘없이 다뤄질 수 있어야 하는 겁니다. 쉽게 말하자면, 하나는 보는 사람을 압도 혹은 몰입시켜야 하는 작업이고, 다른 하나는 사람에 의해 막힘없이 사용되어져야 하는 작업입니다. 사용자가 막힘없이 앱/웹을 사용하기 위해서는 해당 앱에 대한 특징이나 상황을 분석해서 사용자가 최소한의 방법으로 원하는 것을 접근할 수 있도록 설계되어야 합니다.

실리콘밸리에서의 생활이 궁금합니다.
큰 동기부여가 되었나요?

실리콘밸리에서는 다양한 모임들이 아주 빈번하게 생기는데요. 한 지인께서 구글에서 UX/UI디자이너로 근무하고 계시는데, 저를 비롯한 여러 명을 구글로 초대하신 적이 있어요. 샌프란시스코 구글과 마운틴뷰구글(본사)를 방문 투어를 한 적이 있죠. 실리콘밸리 내에서는 자신이 다니고 있는 회사로 종종 지인들을 불러 회사를 구경시켜주는 문화가 있는데, 제가 이것을 경험하게 된 셈이죠. 그렇게 방문을 하고 나서 너무 자유로운 업무 환경에 매료되어서 나중에 꼭 나의 지인들을 데리고 와서 투어를 시켜주겠다고 결심한 적이 있었어요. 그날이 저에게는 동기부여가 돼서 빠르게 성장할 수 있는 계기가 되었지요. 물론 아직도 그 꿈을 이뤄보려고 노력하는 중입니다.

보이는 것만이
디자인이
아니다

▶ Turnchat의 영어분석 디자인

▶ 첫 출근날 내 자리 위 팀의 선물

▶ 첫 출근 날 팀이 준비한 파티에서

첫 업무에 대한 느낌은 좋지 않았어요. 정확하게 기억이 나진 않지만, 아마도 기존에 사용률이 낮았던 페이지를 어떻게 사용률을 높일 수 있을지를 고민하고 이를 리디자인 하는 것이었어요. 첫 업무였기 때문에 저의 능력을 보여줘야 한다는 압박감이 있었던 것 같구요. 그러한 강박관념에 오히려 더 올바른 방향으로 디자인하지 못했던 것 같아요. 현재 제가 다니고 있는 회사 링글잉글리시애듀케이션(이하 링글)은 온라인으로 아이비리그 튜터들과 영어로 대화하며 영어를 발전시키는데 도움을 주는 온라인 영어교육 서비스입니다. 저는 링글 내 턴챗이라는 파트에서 업무를 하고 있어요. 턴챗은 온라인으로 영어스터디를 하는 서비스입니다. 유저가 보게 되는 모든 턴챗의 인터넷 페이지 혹은 앱스토어나 앱을 디자인하고 있어요. 여기서 말씀드리는 '디자인'은 사용자(유저)의 행동 설계를 포함한 시각적으로 보여지는 예쁨을 함께 내포하고 있지요.

제가 속한 팀은 신속히 대응하고 새로운 기능들을 만들어 테스트를 한 뒤 검증된 기능을 발전시키고 다른 팀과 공유하는 역할을 합니다. 물론 이를 바탕으로 서비스를 운영하고 있고요. 저희 팀은 오전 10시에 출근을 해서 10시 15분에 팀회의를 합니다. 당일 어떤 작업들을 할 것인지 팀원들과 공유하며 다시 한번 자신이 할 일을 리마인드를 하며 팀원들의 의견을 구하기도 합니다. 필요에 의해 그 자리에서 당일 특별한 회의가 생기기도 하지요. 회의는 짧게는 20분, 길게는 2시간까지도 이어집니다. 회의가 끝나면 각자 할 일을 점심 식사 전까지 하게 됩니다. 12시부터 13시까지 각자 원하는 메뉴를 먹으로 회사 밖으로 나갑니다. 배달음식을 마음대로 주문해서 먹기도 하고요. 휴식을 취하고 나면, 자율적으로 자신의 업무나 회의로 복귀합니다. 시간이 정말 금방 가요. 업무와 회의를 하다 보면 어느새 퇴근 시간입니다. 오전 10시 출근, 오후 7시 퇴근이지만 종종 팀 단위로 오후 1시 출근, 오후 10시에 퇴근을 하기도 합니다. 해당 팀의 업무에 따라서 업무 시간대를 유동성 있게 옮기기도 하지요. 그래서 종종 유저들이 저희가 일만 하는 사람들로 착각하시고 늦은 시간까지 일하지 말라고 연락이 온 적이 종종 있답니다.

Question 눈으로 보이는 디자인 너머에 또 다른 디자인이 있다고요?

　웹디자이너의 업무가 인터넷 브라우저의 페이지를 예쁘게 꾸미는 것이라고 착각하는 것 같아요. 당장 제 친구들에게 물어봐도 대부분 "그게 뭐하는 거야?"라고 묻거든요. 설령 안다고 하는 친구들도 정확한 답변은 피해가더라고요. 웹디자이너는 페이지에 방문한 사람이 어떤 목표를 갖고 오는지, 그 목표를 해결해주기 위해서 이 페이지에서 무엇을 제공하면 될지, 그 목표에 도달하기까지 최소한의 시간과 과정이 무엇인지를 고민합니다. 이를 토대로 페이지들을 구성하고 디자인한답니다. 그리고 많은 가설들을 세워 보며 실제로 유저가 가설대로 움직이는지를 파악하고, 행여 문제점이 드러난다면 이를 빨리 해결하기 위해서 다시 설계를 바꾸는 조치를 취하게 되죠. 눈으로 보이는 것만이 디자인이 아닙니다. 디자인 너머에 가치와 목적을 보는 날카로운 눈이 필요합니다

Question '프로덕트 오너'를 준비하고 계시다고 들었습니다.

　계속 배워가고 있는 과정이라고 생각해요. 국내에서도 다양한 관점과 접근법들을 공부하고 알게 되었지만 다양한 시각과 좀 더 UX에 치중을 해서 공부하고 싶다는 생각을 하고 있었어요. 그래서 저는 현재 꾸준히 영어공부를 하고 있습니다. 미국에서 석사과정을 공부하면서 참여했던 많은 세미나들은 저에게 굉장한 자극이 주었어요. 이런 자극들과 더불어 다양한 문제들에 대한 수많은 접근법의 공유와 소통이 풍성히 이루어지는 곳이 바로 실리콘밸리입니다. 저는 '프로덕트 오너'를 다음 커리어로 생각하고 있습니다. '프로덕트 오너'라고 하는 직책은 한 프로덕트를 처음부터 끝까지 기획하며 스케줄 관리, 디자인, 개발, 마케팅 등 모든 분야를 컨트롤 하는 직책이라고 보면 좋을 것 같아요. 이 직책의 역량에 따라 그 프로덕트가 성공을 할 수 있느냐, 실패하고 마느냐가 결정될 정도로 중요한 직책이죠. 이를 위해서 다양한 프로젝트를 경험하고 디자인뿐만 아니라 다양한 분야에 대한 지식들을 심도 있게 쌓을 계획입니다.

Question 웹디자이너로서의 성공 비결이 있을까요?

UX/UI디자인을 잘할 줄 안다면 모든 사업에 대한 성공률을 높일 수 있다고 생각해요. 나의 잠재적 고객들을 분석하고 이를 위해 대비하는 것이 UX이기 때문에 UX가 튼튼하다면 성공할 확률이 높아지겠죠. 왜냐하면 사람들이 무엇을 원하는지 이미 알고 있으니까요. 성공 확률을 높여주는 만큼 UX/UI는 중요하고 어렵지요. 상황에 따른 사람의 행동이기에 100프로 정답이라는 것이 없기 때문이죠. 이 직업을 하고 싶다면 말리고 싶진 않아요. 다만 너무 시각적인 요소에 빠져서 자신이 제공하는 서비스의 본질을 잊지 않았으면 좋겠어요.

Question 웹디자이너로서 자신의 철학과 비전이 있으시다면?

많은 사람들이 구글 같은 곳에 취직해서 돈 많이 벌고 안정적으로 살고 싶어해요. 저역시 구글이나 애플에서 한 번쯤 일해 보고 싶지만 웹디자이너(UX/UI디자이너)로서 그곳에서 저의 커리어를 멈추고 싶진 않아요. 제가 대략 2년 전에 큰 병을 앓았었는데 지금은 어느 정도 치료가 된 상태입니다. 저와 같은 고통을 겪은 사람, 혹은 앞으로 겪을 사람들을 위해 그들을 위한 프로덕트를 제공해 줘서 그들의 삶에 보탬을 주고, 이를 계속해서 발전시켜 나가는 것이 제 현재의 꿈이자 비전입니다. 다른 사람들이 제가 만든 것을 이용하여 생활의 질이 향상되거나 편리하게 사용하는 것을 보는 것만큼 뿌듯하고 보람있는 일은 없을 것 같아요. 매 순간 기억해야 할 가장 중요한 것은 내가 왜 이것을 시작했는지에 대한 동기와 목적이니까요.

웹디자이너 지망생들에게 짜릿한 동기부여 한 말씀

웹디자이너는 단순히 컴퓨터 상에 있는 홈페이지를 꾸미는 직업이 아닙니다. 홈페이지는 문제 해결과 소통을 하기 위한 하나의 매개체일 뿐이지요. 웹디자이너는 어느새 UX/UI디자인이라고 불리게 되었고, 이는 또 Product디자인이라고 불리게 되었어요. 범위가 Product라고 불리울 만큼 스펙트럼이 넓어졌습니다. 어떤 제품이나 서비스가 나온다면 누군가가 무엇을 사용한다는 것이기에 항상 사용자 경험을 디자인해주는 것이 존재합니다. 혹시 무엇인가를 사용하면서 불편하다고 느껴본 적이 없나요? 분명히 있었겠죠. 그 불편함을 어떻게 하면 해결할 수 있을지 지금 한번 고민해 보세요. 그 순간부터 여러분은 웹디자이너로시의 역량을 스스로 개척해 나가고 있는 것일 테니까요.

어린 시절부터 디자인에 대하여 남다른 흥미와 호기심을 가지고 있었기에 고등학교도 시각디자인과가 있는 특성화 고로 진학하게 되었다. 지금처럼 SNS가 없던 중학생 시절 부터 유명한 인터넷카페에서 커뮤니티 활동을 하며 운영진 으로서 경력도 쌓았다. 22살에 '서비스디자인' 분야를 접하 게 되면서 관련 카페에 가입하여 활동하던 중, 학생 신분으 로서 공부한 이론을 비즈니스에 적용해보는 중요한 경험도 하게 되었다. 진로와 직업은 취미와 달라서, 보람과 즐거움 을 넘어 분명한 보상과 수입을 견지하고 있어야 한다는 생 각이다. 모바일과 스마트TV 등 디자이너의 수요가 많아지 는 시대에 새로운 IT기술과 서비스, 트렌드에 맞추어 지속 적으로 역량을 키워나가고 있다.

사보미 | 웹디자이너

현) 컨슈머브릿지 APP, WEB 디자인
• 스타일쉐어 APP, WEB 디자인
• 이화여대연구실 AI 법률정보 시스템
  'U-LEX' UI디자인
• UX디자인동아리 'UCOX' 개설 & 운영

웹디자이너의 스케줄

사보미
웹디자이너의
하루

21:30 ~ 01:30
▶ 하루 회고하며
일기 및 글쓰기
▶ 취침

07:30 ~ 09:30
▶ 기상 및 출근

09:30 ~ 10:30
▶ 새로운 아티클 및
저장해놓은 글 읽기
10:30 ~ 13:00
▶ 오전 회의 및 스크럼
일정 조절 회의

19:00 ~ 21:30
▶ 퇴근 및 저녁
쉬는 시간

14:00 ~ 19:00
▶ 업무 작업

13:00 ~ 14:00
▶ 점심식사

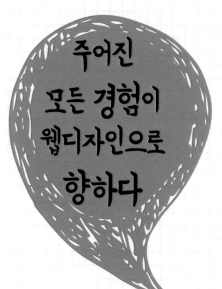

주어진
모든 경험이
웹디자인으로
향하다

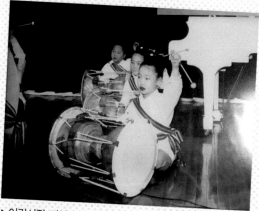

▶ 어린시절, 피아노 학원 연주회에서 풍물놀이 발표

▶ 어린시절, 초등학교 2학년 때 발레 발표

▶ 학창시절, 교생시절 (가장 왼쪽)

학창시절 진로에 대한 목표가 있었나요?

친구들과 잘 어울리고 가끔 교칙을 어기기도 하는 활달한 학생이었어요. 방과 후 친구들과 좋아하는 떡볶이를 먹으로 가기도 하고 노래방 가는 걸 좋아했던 학생이었지요. 중학생 때의 성적은 중위권이었어요. 공부를 해서 얻을 수 있는 목표가 명확하지 않았기에 공부를 열심히 해야 한다는 생각이 전혀 없었어요. 부모님에게 좋은 대학을 압박 받은 적도 없었고요. 시험기간에는 다들 공부하니까 따라서 공부하는 정도였지요.

Question 본인이 선택한 것에 대해 정말 잘할 자신이 있었나요?

엄마와 가장 많은 얘기를 했었어요. 엄마가 특별한 상담을 해주시거나 꼼꼼하게 진로 상담을 하지는 않으셨지만 종종 질문하셨던 것이 있어요. "선택한 것에 진짜 열심히 할 자신 있니?" 그 질문이 늘 저의 뇌리에 남아있었던 것 같아요. "정말 좋아하는 걸까? 앞으로도 좋아하면서 열심히 할 수 있을까?" 선택에 대한 무거운 책임감을 품게 되니까 진지하게 임하게 되더라고요. 겁도 났지만 오히려 책임감은 더 잘해야겠다는 욕심으로 이어졌어요.

유명한 인터넷카페에서 여러 활동들을 하셨다고요?

중학생 때 인터넷카페 활동을 많이 했어요. 그때는 지금처럼 페이스북 같은 SNS가 없어서 카페로 커뮤니티 활동을 많이 했어요. 당시에 가입 회원수가 꽤 많은 유명한 카페에서 운영진을 몇 번 했답니다. 주요 활동은 3가지였는데, 포토샵과 일러스트레이션과 같은 툴에 관한 자료 만들기와 사람들이 요청하는 작품 만들어주기, 그리고 새로운 작업을 해서 업로드하는 것이었습니다. 저보다 더 잘하는 사람들을 보면서 어떻게 표현하고 작업해야 하는지 많이 배웠던 시간이었어요. 그때는 유튜브가 아닌 이미지와 글로 된 강의자료가 많았었는데, 그걸 따라하며 서툴지만 웹사이트도 만들어보면서 창작의 즐거움도 느꼈죠. 배우는 기쁨과 결과물에 대한 보람이 저에게 자연스레 확신을 주었다고 생각합니다.

Question ## 컴퓨터에 집착하는 모습에 부모님의 반응은 어떠셨나요?

부모님은 제가 일찌감치 컴퓨터를 붙잡고 놀고 있는 걸 알고 계셨고 '컴퓨터 좀 그만하라'는 잔소리도 거의 하지 않으셨어요. 어차피 부모님은 제가 호불호가 분명한 성격임을 너무 잘 알고 계셨거든요. 그냥 저를 믿고 응원하시면서 제 선택을 지지해 주셨어요. 중학교 2학년 때 일기장을 꺼내봤어요. 한창 진로 고민이 많을 때였지요. '디자인

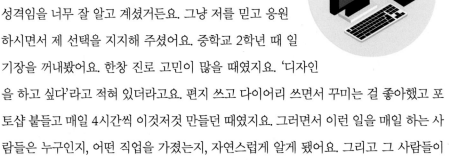

을 하고 싶다'라고 적혀 있더라고요. 편지 쓰고 다이어리 쓰면서 꾸미는 걸 좋아했고 포토샵 붙들고 매일 4시간씩 이것저것 만들던 때였지요. 그러면서 이런 일을 매일 하는 사람들은 누구인지, 어떤 직업을 가졌는지, 자연스럽게 알게 됐어요. 그리고 그 사람들이 선택한 전공도 무엇인지 알게 되었고요. 그때부터 저는 '시각디자인과'를 가는 게 목표가 되었습니다.

특성화고에서의 수업은 재미있으셨나요?

시각디자인과가 있는 특성화고를 발견하고는 그 학교에 진학할 거라고 선언했죠. 부모님께서 딱히 반대하지 않으셨어요. 그런데 그때는 잘 몰랐어요. 저는 특성화고에서 전문적으로 기술을 배우는 줄 알았는데 이미 제가 독학으로 했던 것보다 수준이 낮은 수업을 하더라고요. 공부를 열심히 하는 학교가 아니어서 전교 1등도 했었답니다. 그래서 수능 위주의 공부는 하지 않았어요. 저는 수시로만 입시미술을 준비했었어요.

Question **대구에서 서울로 올라오신 계기가 있었나요?**

디자인 관련 직업 자체가 대구에 많이 없었습니다. 디자인에 대한 외부 강연을 많이 듣다 보니 훌륭한 커리어를 지닌 분들이 대부분 서울에 몰려 있다는 사실을 알게 됐어요. 그래서 은연중에 일을 한다면 서울에 가야겠다고 생각했었고 부모님도 저와 같은 의견이었습니다.

취미와 직업은
분명한
경계가 있다

▶ 학창시절프로젝트,
New ear App 디자인

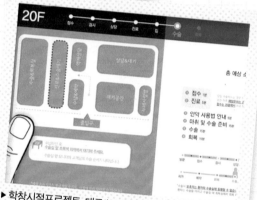

▶ 학창시절프로젝트, 대구 누네안과병원
라식센터 디자인

▶ 대학시절, 서비스 디자인 모임

Question ## 서비스디자인을 접하게 된 계기가 궁금하군요?

저는 호기심이 많은 편이예요. 친구들과 스터디에서 종종 제가 좋아하는 디자인에 대한 토론도 했었고, 어떻게 하면 보람 있는 인생을 살 수 있을지 대화를 많이 나누었어요. 그러다가 22살 때 '서비스디자인'이라는 디자인 분야를 처음 알게 되었는데 제가 알던 디자인과는 범위가 달랐어요. 이제는 익숙해졌지만 디자인이란 것이 사고방식이더라고요. 불필요한 것을 덜어내고 꼭 필요한 걸 찾아가는 과정이었지요. 대구에서 '서비스디자인' 학회관련 카페를 찾았고, 같이 공부하고 작업하기 위해 6명 정도가 함께 모였어요. 저희 교수님이 계셨고 디자인 회사 대표님도 계셨어요. 대부분 현업에 계신 분들이었고 학생은 저와 경영학과 1명이 전부였지요

Question ## 학생 신분으로서 전문적인 협업이 가능하셨나요?

서비스디자인 학회에서 1년간 부지런히 모여 공부하던 중, '누네안과병원 라식센터'와 함께 협업하는 경험까지 하게 되었답니다. 학생 신분으로서는 과분한 경험이었지요. 실제로 제가 공부한 이론대로 비즈니스에 접목해가며 프로토타입까지 완성해보는 단계를 거치게 되었죠. 컴퓨터 툴로 예쁜 결과물을 만들어내는 단순한 경험이 아니라 '고민하는 모든 과정이 산업에 필요하구나'라는 소중한 교훈을 얻었어요.

Question 학교에서 디자인 관련 동아리를 만드셨다고요?

서비스디자인 학회의 경험을 토대로 학교에서 동아리를 만들었습니다. 후배들을 모집하고 함께 스터디를 하며 발표도 했었지요. 그러던 중에 운 좋게 다른 학교 개발동아리와 모바일앱을 만들 기회가 생겼습니다. 그땐 이런 모바일디자인을 하는 동아리가 저희밖에 없었거든요. 아주 단순한 '이명치료 APP'인데 실전에서 3명이 같은 프로젝트를 디자인하면서 공부를 많이 하게 되었어요.

Question 직업으로서의 웹디자인에 대한 견해가 있으신가요?

제가 잘하고 좋아하는 건 단순히 예쁘게 꾸미는 것이었어요. 곰곰히 고민해 보니까 진로는 단순히 좋아하거나 하고 싶은 것이 아니라는 사실이었어요. 하고 있는 일이 남들의 필요를 충족시켜야 하겠지만 그 대가가 반드시 수입으로 이어질 수 있어야 직업이 된다고 생각합니다. 다시 말하면, 이 일을 통해서 돈을 벌 수 있는지가 누구에게나 중요하다고 봅니다. 보람과 기쁨만으로는 그 일의 한계가 드러나겠죠.

학교에서 선배들을 인터뷰하는 전공 수업이 있었어요. 디자인 직종이 서울에 많아서 대부분 서울에서 일을 하고 계셨지요. 한 번은 학교 선배가 아닌 교수님의 후배인 유명한 디자인 회사 대표님에게 따로 연락한 적이 있었어요. 간단하게 고민을 작성해서 디자인까지 하고 무작정 메일을 보냈어요. 바쁘신 대표님은 저를 직접 만나서 저의 고민을 진지하게 들어주셨고 다른 직원분들에게 조언을 들을 기회도 주셨답니다. 친구와 둘이서 인터뷰를 어떻게 할지 토론하고 직접 만나는 과정에서 정말 의미있는 조사를 많이 했어요. 대표님에게서 답변을 들은 것도 있지만 스스로 답변을 찾은 것도 많았습니다.

디자인은
번역이 필요 없는
우주적 언어다

▶ 스타일쉐어 송년회 디자인팀 시절
(가장 아래)

▶ 스타일쉐어 송년회 단체사진

▶ 회사 동료들과 (가장 오른쪽)

Question 지금 다니시는 회사에서의 역할은?

작년부터 작은 서비스를 시작한 스타트업에서 초창기 멤버로 있어요. 디자이너는 저 혼자입니다. 주로 앱서비스와 웹서비스를 만드는 게 저의 주요 업무지요. 기획서는 따로 없고 같이 아이디어를 내고 일정에 맞게 필요한 만큼 디자인을 해서 서비스를 지속적으로 개선해요. 혼자 디자인을 하다 보니 디자인이 필요한 모든 일을 합니다. 그래서 회사에서 나가는 디자인 작업물들은 다 책임진다는 부담감이 있어요.

Question 프리랜서 작업이 가능하기에 누리는 장점이 있을까요?

퇴사 후 경제적인 부분에서는 큰 부담이 없었어요. 프리랜서 작업이 가능하기 때문인데, 덕분에 월급받을 때보다 더 많이 벌어요. 회사 다닐 때에도 여유로운 시즌에는 지인들의 요청으로 사이드잡을 하곤 했었죠. 시간과 노력이 들어가긴 하지만 회사에서 못해봤던 작업에 대한 갈증을 풀 수도 있었고요. 포트폴리오도 쌓을 수 있어서 너무 좋았습니다. 제가 있던 스타트업 두 곳은 모두 재택근무가 가능한 곳이었어요. 작업이 혼자서도 가능하기 때문에 누릴 수 있는 혜택입니다.

웹디자이너로서 개발자와의 소통이 많이 중요한가요?

내 디자인은 내 손이 아니라 개발자 손에서 완성이 되더라구요. 그래서 개발자와의 소통이 정말 중요했어요. 내가 신경 쓰지 않으면 내 작업과는 전혀 다른 디자인이 완성되어 있더라고요. 그래서 개발언어를 조금 배우기도 했었어요. 개발자와의 커뮤니케이션에서 스트레스를 많이 받으신다면 이 일이 좀 힘들 수도 있을 것 같네요.

Question **당황스러우시겠어요?**

그림을 잘 그릴 거라 오해해서 한 번씩 이것저것 그려달라는 부탁이 들어오기도 합니다. 디자이너니까 인테리어디자인도 잘할 것 같다는 오해를 자주 하시더라고요. 하지만 디자이너는 어떤 도구를 다루느냐에 따라 너무나 천차만별이에요. 서로 독립된 직업인 셈이죠. 요즘엔 웹디자이너라는 말보다 UI디자이너, 프로덕트디자이너라는 분야로 변화되었어요. 웹만 다루던 예전과는 달리 모바일과 스마트TV 등 웹디자이너가 할 수 있는 일이 너무 많아요. 새로운 IT기술과 서비스, 트렌드에 맞추어 역할을 끝없이 확장하게 되는 것이죠.

Question 변화 속에서 변하지 않는 걸 보신다고요?

새로운 기술과 산업과 환경 변화에 관심이 많기 때문에 매일 아티클을 구독해요. 세상이 빠르게 변하는 것 같지만 변하지 않는 게 무엇인지 주의 깊게 보려고 합니다. 제가 가진 무기는 시각적으로 표현하는 것이기에 표현하는 방법의 범위를 넓히려고 노력하는 것이죠. 요즘엔 학부생으로 돌아간 것처럼 브랜딩과 그래픽 작업을 다시 해보고 있답니다. 웹이나 모바일앱뿐만 아니라 기술이 발전하면서 사람과 어떻게 소통하는지에 관심이 많아졌어요.

Question 이 시대에 웹디자인의 본질은 무엇일까요?

결국 웹도 기술의 하나일 뿐이잖아요. 디자인은 번역할 필요 없는 좋은 언어라고 생각해요. 섬세하게 생각하는 바를 시각적으로 표현할 수 있다는 점은 일상에서도 많은 효율을 가져옵니다. 이미 모든 것이 디지털로 변환된 시대에서 웹과 모바일은 사람들에게 영향을 끼칠 수밖에 없는 또 하나의 소통 수단이 되었다고 생각합니다.

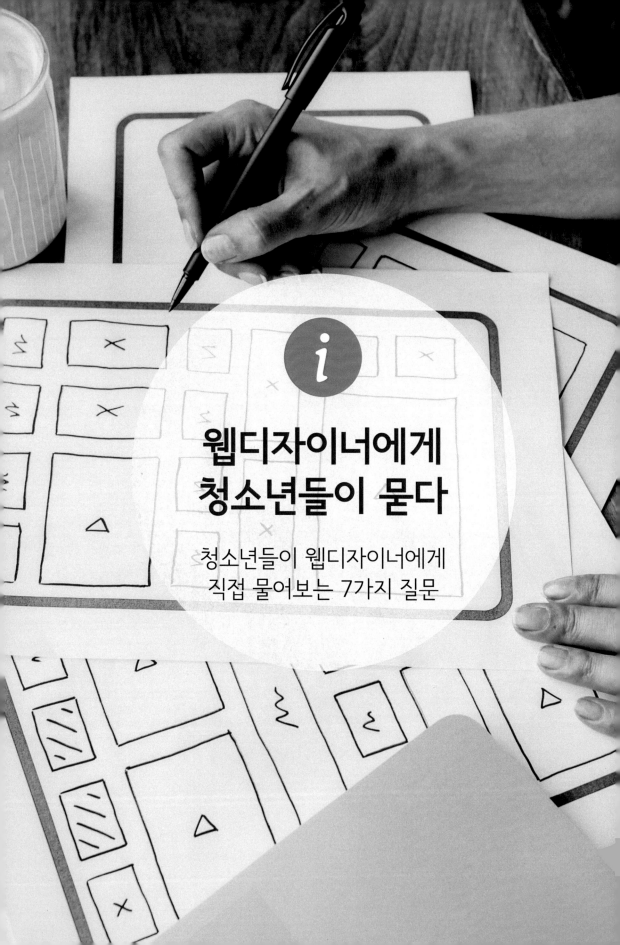

웹디자이너에게
청소년들이 묻다

청소년들이 웹디자이너에게
직접 물어보는 7가지 질문

웹디자이너가 되려면 학교에서 관련 동아리활동이 많은 도움이 될까요?

저는 시각디자인을 전공했어요. 디자인과를 가기 위해서는 미대 입시를 준비해야 했지요. 미대 입시는 정해진 주제에 맞춰 그림을 그리는 일이었고요. 그래서 내신과 수능 준비 외에는 그림에 많은 시간을 쏟았는데요. 그 중에 가장 도움이 되었던 활동이 '동아리활동'이었죠. 중학교, 고등학교 때 모두 '미술부'에 가입해 최대한 그림과 가깝게 지내는 시간을 많이 만들었던 것 같아요. 사생대회에 나가보거나 공모전에 제 그림을 출품했던 적도 많았고요. 너무 똑같은 것만 그려서 지루해질 즈음에는 판화나 애니, 풍경화, 정물화 등 다양하게 시도해 지루함을 이겨냈던 기억이 납니다.

웹디자이너에 도전해 보려고 하는데 참고할 만한 내용이 있을까요?

이미 많은 선배들이 있을 거고, 경쟁자가 있을 거예요. 그 말은 시장에서 많이 원하고 있다는 뜻이기도 해요. 원하는 곳이 많아서 쉬운 길처럼 보일 수도 있지만, 쉬운 길은 대부분 제대로 된 값어치를 매겨주는 곳이 아니더라고요. 정말 내가 하고 싶고 잘하는 일이 값어치 있다고 생각한다면, 넓은 시장에서 조금은 어려운 길로 가보는 용기를 가져도 좋을 거예요. 그리고 꼭 기본기를 탄탄히 다져놓으라는 말을 하고 싶네요. 단순히 툴을 배워 예쁘게 잘 만든다는 생각을 넘어서 예쁜 게 왜 필요한지, 그게 정말 중요한지, 사람들에게 의미를 충분히 전달하고 있는지, 등 고민할 게 많답니다. 그러한 고민이 디자인의 기본기라고 생각하고요. 그러다 보면 단순히 잘 어울리는 색을 찾는 게 아니라 색의 의미와 이론을 공부하게 됩니다.

저는 개성도 강하고 창의성이 좀 있는 편이라
웹디자인 창업을 하고 싶은데요.

저도 안정적으로 회사를 다닐 수도 있었어요. 하지만 저의 성향이 주도적으로 디자인을 리드해 가는 것을 좋아하다 보니 조직생활에서의 답답함이 어쩔 수 없이 항상 존재했던 것 같아요. 아무리 수평적인 조직에서도 내 의견보다는 상사의 의견이나 최종 결정권자에 따라 디자인의 방향성이 달라지는 것을 경험했죠. 그러면서 나의 디자인 의도를 펼치지 못한 것에 대한 안타까움과 갈증은 점점 커져만 갔던 것 같아요. 결국 제 디자인을 온전히 펼칠 수 있도록 서만의 디자인 기업을 설립하게 되었습니다.

웹디자이너의 일이 직업적으로 단조롭거나 지루하지는
않을까요?

웹디자이너에 관심이 있으시거나 준비하고 계시는 분이라면 웹에만 국한된 직업이 아니라는 걸 알려드리고 싶어요. 잘 알고 계시는 모바일 디자인부터 스마트워치 같은 웨어러블, TV, VR, 키오스크 자동차 표시영상장치, IOT 등 업무의 범위는 다양하고 디자인의 스펙트럼이 아주 넓습니다. 그 중에 한 분야의 전문 디자이너의 길도 선택하실 수 있어요. 물론 꾸준한 지식 습득과 지속적인 자기개발이 뒷받침되어야 하지만 생각하시는 것보다 다양한 진로가 있는 분야입니다. 진로란 계속 바뀌는 거라고 생각합니다. 저 역시도 계속 진로를 고민하고 다음을 준비하고 있으니까요

박봉이고 야근이 많다는 소문이 있던데요?

웹디자이너는 박봉이고 야근이 많다고 하지만 그렇지 않아요. 회사에 따라 대우가 천차만별이거든 요. 저는 만족스러운 연봉을 받고 있고 유급 안식, 월 휴가 등 회사의 좋은 복지를 누리며 일하고 있답 니다. 대행사 특성상 야근을 늘 피할 수는 없겠지만 당연히 야근을 한 만큼 보상이 주어집니다.

저는 미술은 좋아하는데 학교 성적도 좋지 않고 진로도 뚜렷하지 않아요.

저도 중학생 때는 성적이 좋지 않았어요. 내가 어른이 되었을 때는 그림을 그리며 살고 있지 않을 까? 라는 막연한 생각을 가지고 그림 그리는 것에 더 집중했던 것 같아요. 그러다 미술학원에서 정식 으로 수업을 듣게 되면서 여러 친구들과 선배들을 만나보니, 좀 더 책임감 있게 학생 시절을 보내야 되 겠다는 생각이 들더라고요. 고등학교 진학 후에는 내신, 수능 공부와 미대 입시 준비를 병행하며 제대 로 고군분투했던 기억이 납니다.

저는 틀에 박힌 것보다는 자유로운 근무 형태를 원하는데 가능할까요?

웹디자인 업무 특성상, 컴퓨터만 있다면 어디서든 근무할 수 있습니다. 평상시나 회의가 있는 날에 는 당연히 회사로 나가서 미팅을 하거나 오피스에서 작업을 하겠죠. 만약 개인적으로 불가피한 일이 생기면 회사와 조율해서 재택으로 근무할 수도 있고, 유연하게 출퇴근을 조정할 수 있는 회사들이 많 답니다. 해외로 여행을 다니며 온라인으로 미팅에 참여하는 프로덕트 디자이너 친구들도 종종 봤고 요. 타업종보다는 근무 형태가 유연한 편이죠.

예비
웹디자이너
아카데미

다양한 분야의 웹디자이너

웹디자이너

　홈페이지의 문자·그림·동화상·음성 등을 재가공하고 다듬어서 이용자들이 알기 쉽도록 만드는 작업을 한다. 세련되고 생동감 있는 화면을 디자인하고 연출하는 것이 목표인데, 정해진 용량 안에서 디자인해야 하므로 간결하고 생생하게 만드는 것이 중요하다. 디자인 감각과 함께 통신 분야의 전반적인 지식을 갖추고 있어야 하며, 컴퓨터에 대한 지식도 물론 필요하다. 구체적으로는 자료를 압축해서 최대 효과를 발휘하는 기술이 필요하고 HTML·XML·자바 등의 프로그래밍 언어와 다이내믹 HTML·플래시·가상현실(VR) 등의 그래픽 기법을 활용할 수 있어야 한다. 홈페이지 제작 대행사, 인터넷 접속 서비스업체, 기업체 홍보실 등에서 일하거나 프리랜서로 일할 수 있다.

웹개발자

　웹 개발자는 HTTP 프로토콜을 커뮤니케이션 매체로 사용하는 웹 페이지, 웹 사이트 등 WWW 기반 소프트웨어 개발자 또는 소프트웨어 엔지니어를 말한다. 대다수의 웹개발자들은 웹 디자인, 정보설계, 사용자 인터페이스 설계, 프로젝트 관리, 웹 서버 및 데이터베이스 관리, 웹페이지 코딩 및 프로그래밍 관련 기술을 가지고 있다.

웹퍼블리셔

웹디자이너, 웹프로그래머, 웹기획자 등과 웹사이트의 제작 및 진행방향 등에 대해 협의하고 조언한다. 웹디자이너 또는 HTML코딩원에 의해 코딩된 작업물을 웹표준(국제표준화단체인 W3C가 지정한 표준안에 따라 목적과 방법에 맞게 웹페이지를 만드는 것), 웹접

사진출처 : 네이버블로그 16859605

근성(장애인뿐만 아니라 모든 사람이 인터넷공간에서 손쉽게 정보를 얻을 수 있도록 웹사이트를 제작하는 것), 크로스브라우징(Cross Browsing:어떤 웹브라우저를 써도 화면이 똑같이 나오고, 브라우저에 따라 입력과 사용에 문제가 생기지 않음), 시멘틱마크업(어떤 사용자환경에서도 브라우징에 제약이 없도록 하는 코딩) 원칙에 맞추어 다시 코딩(재정리)한다. 작업결과물을 웹프로그래머, 웹기획자 등에게 전달한다. 운영 중인 웹사이트를 점검하여 웹표준, 웹접근성 등에 부합하는지 검토하기도 한다.

프론트엔드 개발자

프론트엔드 개발자는 백엔드 API에서 가져온 데이터의 출력, 입력을 통한 비지니스 로직 구성과 사용자와 대화하는 사용자 인터페이스 부분을 작업하는 개발자를 말한다.

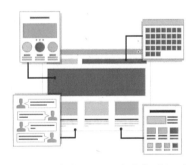

분별하기 헷갈리는 직종으로 웹퍼블리셔가 있는데, 웹퍼블리셔(해외에서는 UI개발자로 불린다)는 html 중심이거나, 서버사이드가 감싸는 구조 형태의 웹을 지향하는 웹퍼블리셔와 개발자의 업무 스타일의 직군으로서 웹표준 반응형 웹과 UI를 만드는 디자인 쪽에 가깝기에 데이터 처리, 비지니스 로직을 개발하진 않는다. 클라이언드 사이드 영역이기도 하지만, 프론트엔드 개발자는 프론트엔드와 백엔드의 완전한 분리 구조를 지향하는 업무 스타일의 직군이다. 웹퍼블리셔와 같이 인터페이스의 디자인 관점도 있지만 웹퍼블리셔와 달리, DOM 조작이 아닌 컴포넌트 아키텍쳐와 데이터 상태의 변화로 처리하며 이벤트나 서버와 API통신으로 비지니스 로직을 푸는 관점을 가장 중시한다.

백엔드 개발자

백엔드 개발자는 기존 개발자와 스펙이 조금 다르고 백엔드의 뷰는 화면개발이 아닌 API개발이고 백엔드 인증처리도 따로 알아야 하며 데이터베이스 분석과 API서버를 개발한다. 웹퍼블리셔와 개발자로 나뉜 방식은 모든 호출을 서버에서 가져와야 하고 컴포넌트화가 안되었지만 프론트엔드와 백엔드로 나뉜 개발방식은 서버의 컴퓨터와 사용자 컴퓨터가 http통신으로 데이터만 교환하여 완전한 분리구조를 지향한다. 점점 데이터의 복잡성이 커지고 spa 및 재사용성이 중요함에 따라 각광받는 직종이다.

웹마스터

웹서버를 구축하고 홈페이지를 운영하려면 기술 부분과 내용 부분을 잘 관리하지 않으면 안 된다. 특히, 홈페이지는 외부와 연결되기 때문에 외부 사용자나 고객으로부터 문의가 있을 경우 이를 신속하게 처리해야 한다. 이러한 일의 책임을 맡고 있는 사람을 웹마스터라 한다.

웹엔지니어 & 웹프로듀서

웹마스터를 개념적으로 조금 더 세분하면, 웹서버 구축 및 운영에 대한 기술적 책임을 지고 새로운 웹기술을 적용을 주로 책임지는 웹엔지니어와 홈페이지 운영과 콘텐츠 선택 및 디자인 전반에 대한 책임을 웹프로듀서로 나눌 수 있다.

웹엔지니어는 웹의 신기술을 습득하여 적용하고 테스트하는 일을 하며, 기본적인 프로그래밍 능력을 갖추고 있는 사람이다. 웹프로듀서는 기술 부분을 직접적으로 적용하기보다는 확인된 기술을 어떻게 활용하고, 어떤 콘텐츠를 어떠한 모습으로 보여줄 것인가를 기획·결정하며, 제공되는 정보를 계속적으로 갱신함으로써 웹사이트의 구축 목적에 맞게 발전하도록 관리하는 사람이다. 그러므로 디자인과 콘텐츠에 대한 안목이 필요하고 고객관리 능력을 갖추어야 한다.

일반적으로 웹프로듀서만 있는 사이트에서는 기술 부분은 외부 인력을 활용하기도 한다. 그리고 웹프로듀서 중에서 특별히 디자인 능력을 갖추고 디자인에 책임을 지닌 사람을 웹디자이너라고 부른다. 일반적으로 인터넷 전문기관에서는 웹엔지니어가 웹마스터의 역할을 수행하고, 일반 기업체의 경우는 웹프로듀서가 웹마스터의 역할을 수행하고 있다. 웹디자이너는 웹마스터라기보다는 팀조직으로 구성된 웹마스터의 일원이라고 할 수 있다.

출처 : 두산백과, 위키백과, 한국직업사전, 나무위키

웹디자인 필수 프로그램 알아보기

웹디자인 프로그래머는 그래픽부터 시작을 해서 코딩작업이 가능한 프로그램을 사용을 하고 있다. 과거에는 웹디자이너와 퍼블리셔로 구분이 되었다면 지금은 웹디자이너와 웹퍼블리셔의 구분이 사라졌다고 볼 수가 있다.

웹디자인 필수 프로그램

• 어도비 포토샵

포토샵은 모든 디자인의 기본이라고 할 수 있다. 가장 중요한 프로그램이라고 할 수도 있고 좋은 이미지와 좋은 디자인 작업을 위한 필수 요소이기 때문에 꼭 배워야 하는 프로그램 중 하나이다.

• 어도비 일러스트

일러스트는 일러스트레이터가 되기 위해서 배우는 사람들이 필수로 하고 있지만 웹디자인 프로그램에서도 많이 활용이 되고 있다. 아이콘 및 직접 제작을 할 수 있는 과정들은 일러스트를 통해서 깔끔하게 제작을 한다.

• 어도비 플래시

과거에 큰 인기가 있었지만 지금은 거의 사용을 하지 않는다. 역동적이기는 하지만 용량을 많이 차지하고 있기 때문에 웹사이트의 속도가 느려서 요즘은 자바 및 다양한 코딩을 통해서 역동적인 효과를 표현해 낼 수 있다.

• 어도비 드림위버

과거에 많이 사용했던 프로그램이고 지금도 처음 시작하는 분들이 사용을 하기도 한다. 직접 눈으로 보여지면서 코딩과 디자인을 모두 할 수 있기 때문에 많이 사용을 하지만 점점 에디터플러스 및 여러 프로그램들이 생겨나 자리가 밀리고 있는 추세다.

• 에디트 플러스

코딩에 특화되어 있는 프로그램으로서 실무자들이 이 프로그램을 통해서 디자인 코딩을 작업을 한다. ctrl +b만 눌러도 바로 사이트 확인이 가능하기 때문에 편리하고 빠른 속도감으로 작업을 마무리할 수 있다.

• notepad++

자동완성기능이 있고 키워드만 입력을 해도 속성값을 한 번에 알려주기 때문에 초보일 때 많이 사용을 하면 좋다. 그리고 오타에 민감하기 때문에 만약 영어에 약하다면 자동완성기능을 쓰기에 최적의 웹디자인 프로그램이라고 할 수 있다.

이미지 출처 : 위키백과, 그누위즈, cleanpng
자료 출처 : 이젠컴퓨터학원

웹디자인 관련 대학 및 학과

그래픽디자인과

학과개요

그래픽(graphic)은 '그림의' 혹은 '생생한'이라는 뜻을 가지고 있습니다. 그래픽디자인은 초기에 인쇄된 디자인이라는 말로 쓰였지만 오늘날에는 그 의미가 더 넓어져 평면적인 디자인의 시각효과를 두루 뜻합니다. 즉 그래픽디자인과는 시각을 통하여 정보를 보다 효과적으로 전달하기 위한 방법을 연구하는 분야로 정보의 기초표현 능력과 전문 지식을 활용하는 학과입니다. 그래픽디자인과는 오늘날 매체가 다양해지면서 신문, 잡지 등 인쇄매체뿐만 아니라 컴퓨터그래픽을 이용한 인터렉션 디자인, 웹 디자인 등 인터넷 매체를 선택하여 주어진 과제를 시각화하는 디자이너를 양성합니다.

지역	대학명	학과명
서울특별시	인덕대학교	미디어아트앤디자인학과
	인덕대학교	미디어아트앤디자인과
대전광역시	대덕대학교	CAD그래픽스과
	대전과학기술대학교	컴퓨터&그래픽과
대구광역시	계명문화대학교	그래픽영상전공
경기도	경기과학기술대학교	그래픽디자인과
	계원예술대학교	그래픽디자인과
	동서울대학교	게임그래픽디자인전공
	동서울대학교	게임디자인전공
	동서울대학교	비주얼콘텐츠디자인과
	동서울대학교	비주얼콘텐츠디자인학과
	부천대학교	3D영상그래픽전공
	수원여자대학교	비주얼콘텐츠디자인과
	수원여자대학교	시각디자인과 그래픽디자인전공
	수원여자대학교	웹디자인과
	신구대학교	그래픽아츠미디어과
	신구대학교	그래픽아츠미디어학과
	신구대학교	그래픽아츠학과
	신구대학교	그래픽아츠과
	연성대학교	시각디자인과 산업그래픽전공
	용인송담대학교	토이캐릭터창작과
전라북도	원광보건대학교	영상그래픽디자인과
경상북도	호산대학교	멀티미디어/웹디자인전공
경상남도	창원문성대학교	그래픽컨텐츠전공
세종특별자치시	한국영상대학교	3D 입체영상과

멀티미디어과

학과개요

　멀티미디어(multimedia)라는 말을 한 번쯤 들어본 적이 있죠? 이때 멀티는 '다수의', 미디어는 '매체'를 뜻하는데요. 영상, 음성, 문자와 같은 다양한 정보 매체를 복합적으로 만든 장치나 소프트웨어의 형태를 의미하는 것입니다. 예를 들어 우리는 동영상을 볼 때, 움직이는 화면과 소리, 글자를 동시에 볼 수 있지요. 멀티미디어과에서는 컴퓨터 관련 기본 교육을 바탕으로 2차원 및 3차원 그래픽, 애니메이션, 홈페이지 디자인, 웹 콘텐츠, 사용자 인터페이스 디자인과 모바일 콘텐츠 개발, 멀티미디어 콘텐츠 제작 등을 실습합니다. 이에 따라 멀티미디어과는 향후 차세대 디지털 콘텐츠 산업을 이끌어갈 전문인 양성을 교육 목표로 합니다.

지역	대학명	학과명
서울특별시	명지전문대학	디지털콘텐츠과
	한국폴리텍대학 서울강서캠퍼스	미디어콘텐츠과
	한국폴리텍대학 서울강서캠퍼스	디지털콘텐츠과
부산광역시	부산경상대학교	멀티미디어계열
	부산경상대학교	IT · 콘텐츠계열
	부산경상대학교	IT · 콘텐츠과
	부산과학기술대학교	멀티미디어과
인천광역시	경인여자대학교	스마트미디어과
대전광역시	대덕대학교	문화콘텐츠학과
	대덕대학교	통신미디어과
	한국폴리텍 IV 대학 대전캠퍼스(대전캠퍼스)	멀티미디어과
	한국폴리텍 IV 대학 대전캠퍼스(대전캠퍼스)	디지털콘텐츠과
대구광역시	계명문화대학교	디지털콘텐츠학부 (2년제)
경기도	ICT폴리텍대학	멀티미디어통신학과
	경민대학교	디지털콘텐츠과
	경민대학교	디지털콘텐츠학과
	김포대학교	멀티미디어과
	김포대학교	스마트콘텐츠과
	대림대학교	디지털미디어기술전공
	동서울대학교	디지털방송콘텐츠과
	동서울대학교	디지털방송콘텐츠학과
	동아방송예술대학교	뉴미디어콘텐츠과
	동아방송예술대학교	콘텐츠제작학과
	부천대학교	디지털콘텐츠과
	신구대학교	미디어콘텐츠과(3년제)
	신구대학교	컴퓨터멀티미디어과(3년제)
	신구대학교	IT 미디어학과

지역	대학명	학과명
경기도	신구대학교	미디어콘텐츠과
	신구대학교	미디어콘텐츠학과
	신구대학교	모바일IT전공
	신구대학교	컴퓨터멀티미디어과
	신안산대학교	멀티미디어컨텐츠과
	오산대학교	멀티미디어정보과
	장안대학교	멀티미디어컨텐츠과(3년제)
	장안대학교	멀티미디어컨텐츠과
강원도	한국폴리텍 III 대학 춘천캠퍼스	미디어콘텐츠과
	한림성심대학교	디지털문화콘텐츠학과
	한림성심대학교	디지털콘텐츠학과
	한림성심대학교	디지털문화콘텐츠과
충청북도	대원대학교	멀티미디어과
충청남도	백석문화대학교	스마트미디어학부
	백석문화대학교	스마트미디어학과
	중부대학교	전자출판인쇄공학전공
전라남도	순천제일대학교	멀티미디어과
경상북도	구미대학교	디지털컨텐츠학과
	구미대학교	디지털컨텐츠과
경상남도	창원문성대학교	멀티컨텐츠정보과
제주특별자치도	제주한라대학교	디지털콘텐츠과
	제주한라대학교	컴퓨터멀티미디어과

멀티미디어학과

학과개요

우리의 하루 중 단 한 번이라도 멀티미디어를 접하지 않은 적이 있을까요? 멀티미디어학은 IT기술과 정보화 중심의 디지털 시대에 모든 학문과 관련 산업 기술 분야에서 중요한 역할을 담당하고 있습니다. 멀티미디어학과는 인터넷, 스마트폰, 스마트TV, 스마트워치등 다양한 정보 기기와 매체를 통해 정보를 보다 효과적이고 시각화하여 정보로 제공하고자 합니다. 이를 위해 각종 멀티미디어 콘텐츠를 기획하고 제작하기 위한 창의적인 인재 양성과, 멀티미디어 콘텐츠 개발에 필요한 이론과 실습을 통해 전문가를 양성하는데 교육목표를 두고 있습니다.

지역	대학명	학과명
서울특별시	건국대학교(서울캠퍼스)	멀티미디어정보학과
	건국대학교(서울캠퍼스)	멀티미디어전공
	건국대학교(서울캠퍼스)	인터넷 · 미디어공학부

지역	대학명	학과명
서울특별시	경희사이버대학교	미디어모바일전공
	동국대학교(서울캠퍼스)	컴퓨터멀티미디어공학부
	동국대학교(서울캠퍼스)	컴퓨터멀티미디어공학전공
	동국대학교(서울캠퍼스)	컴퓨터멀티미디어공학과군
	동국대학교(서울캠퍼스)	멀티미디어공학과
	동국대학교(서울캠퍼스)	멀티미디어공학전공
	서강대학교	미디어공학연계전공
	서울여자대학교	멀티미디어학과
	성신여자대학교	미디어정보학부
	숭실대학교	글로벌미디어학부
	한성대학교	멀티미디어공학과
부산광역시	동명대학교	디지털미디어공학부
	동명대학교	융합미디어전공
	동서대학교	멀티미디어공학전공
	동의대학교	영화영상 · 멀티미디어공학부
	동의대학교	멀티미디어공학전공
	동의대학교	멀티미디어공학과
	부경대학교	컴퓨터멀티미디어공학전공
	부산외국어대학교	디지털미디어공학부
	부산외국어대학교	디지털미디어공학부(인터넷미디어전공)
대전광역시	한남대학교	멀티미디어학과
	한남대학교	멀티미디어학부
	한남대학교	멀티미디어공학전공
경기도	신구대학교	IT 미디어학과
	가천대학교(글로벌캠퍼스)	멀티미디어전공
	가천대학교(글로벌캠퍼스)	컴퓨터미디어융합학과
	가톨릭대학교	멀티미디어시스템공학전공
	가톨릭대학교	미디어공학전공
	가톨릭대학교	미디어기술콘텐츠학과
	강남대학교	컴퓨터미디어정보공학부
	성결대학교	멀티미디어공학부
	수원대학교	컴퓨터미디어학부
	아주대학교	미디어학과
강원도	강릉원주대학교(원주캠퍼스)	멀티미디어공학과
충청북도	서원대학교	멀티미디어학과
충청남도	나사렛대학교	멀티미디어학과
	남서울대학교	멀티미디어학과
	단국대학교(천안캠퍼스)	멀티미디어공학과
	중부대학교	출판미디어공학과
	청운대학교	멀티미디어학과
	한국기술교육대학교	인터넷미디어공학부
전라북도	전주대학교	미디어정보학부
	전주대학교	멀티미디어전공
	전주대학교	스마트미디어학과

지역	대학명	학과명
전라북도	호원대학교	멀티미디어정보학과
	목포대학교	멀티미디어공학과
	순천대학교	정보통신·멀티미디어공학부(멀티미디어공학전공)
	순천대학교	멀티미디어공학과
경상북도	경운대학교	멀티미디어전공
	경운대학교	멀티미디어학과
	경운대학교	멀티미디어학부
	경주대학교	컴퓨터멀티미디어공학부
	대구대학교(경산캠퍼스)	ICT융합학부(멀티미디어공학전공)
	대구대학교(경산캠퍼스)	정보통신공학부(멀티미디어공학전공)
	대구한의대학교(삼성캠퍼스)	멀티미디어컨텐츠전공
	대구한의대학교(삼성캠퍼스)	멀티미디어학부
	동국대학교(경주캠퍼스)	멀티미디어공학전공
	동국대학교(경주캠퍼스)	컴퓨터멀티미디어학부
	안동대학교	컴퓨터 · 멀티미디어공학전공군
	안동대학교	멀티미디어공학과
경상남도	인제대학교	멀티미디어학부
제주특별자치도	제주국제대학교	스마트미디어학과

산업디자인과

학과개요

디자인은 경쟁력입니다. 기능성이 우수한 디자인은 물론, 참신하고 아름다운 디자인도 중요합니다. 산업디자인과는 생활에 필요한 다양한 산업제품들을 기능적이고 예술적으로 디자인하고 생산 시스템을 발전시키기 위한 분야입니다. 정보화시대에서 요구하는 산업디자인의 요소들을 집중적으로 교육함으로써 현대 산업화 사회는 물론 미래 사회에 대응할 수 있는 창조적이고, 실무적인 전문 산업디자이너를 양성하는 것에 교육 목표를 두고 있습니다.

지역	대학명	학과명
서울특별시	명지전문대학	산업디자인과
	명지전문대학	산업디자인학과
	인덕대학교	디지털산업디자인학과
	인덕대학교	디지털산업디자인과
	한국폴리텍대학 서울정수캠퍼스	산업디자인과
	한양여자대학교	산업디자인과
	한양여자대학교	산업디자인학과
부산광역시	경남정보대학교	산업디자인학과
	경남정보대학교	산업디자인과

지역	대학명	학과명
부산광역시	경남정보대학교	산업디자인계열
	동의과학대학교	산업디자인과
	부산경상대학교	산업디자인과
	부산과학기술대학교	산업디자인계열
	부산과학기술대학교	산업디자인과
인천광역시	인하공업전문대학	산업디자인과(예체능)
	한국폴리텍대학 인천캠퍼스	산업디자인과
대전광역시	대덕대학교	산업디자인계열
대구광역시	계명문화대학교	산업디자인과
	대구보건대학교	디지털산업디자인과
	영남이공대학교	산업디자인과
	한국폴리텍대학 영남융합기술캠퍼스 (섬유패션캠퍼스)	생활제품디자인과
광주광역시	서영대학교	산업디자인과
	서영대학교	산업디자인학과
경기도	경복대학교	산업디자인과
	경복대학교	디지털산업디자인과
	경복대학교	산업디자인과(예체능)
	경복대학교	산업디자인학과
	계원예술대학교	산업디자인과
	계원예술대학교	산업디자인학과
	국제대학교	산업디자인과
	국제대학교	산업디자인학과
	국제대학교	산업디자인계열
경기도	동서울대학교	산업디자인학과(예체능)
	동서울대학교	산업디자인학과
	동서울대학교	산업디자인전공
	동서울대학교	산업디자인과(자연과학계열)
	동서울대학교	산업디자인과
	동서울대학교	산업디자인학과(자연과학계열)
	두원공과대학교	산업디자인과
	부천대학교	산업디자인과
	부천대학교	산업디자인학과
	수원과학대학교	산업디자인과
	수원과학대학교	산업디자인과(3년제)
	신안산대학교	산업디자인과
	오산대학교	산업디자인과
	용인송담대학교	산업디자인과
	유한대학교	테크노산업디자인과 산업디자인전공
	유한대학교	산업디자인과
	유한대학교	테크노산업디자인학과 산업디자인전공
	한국복지대학교	산업디자인과
강원도	한국폴리텍 III 대학 춘천캠퍼스	스마트 제품디자인과
	한국폴리텍 III 대학 춘천캠퍼스	산업디자인과

지역	대학명	학과명
전라남도	전남도립대학교	산업디자인과
경상북도	호산대학교	산업디자인과
경상남도	경남도립거창대학	산업디자인과
	동원과학기술대학교	산업디자인과
	연암공과대학교	산업정보디자인계열
	창원문성대학교	산업디자인전공
	창원문성대학교	산업디자인과
	창원문성대학교	디지털산업디자인과
제주특별자치도	제주한라대학교	산업디자인학과

산업디자인학과

학과개요

　현대 과학기술의 발달과 생활 환경의 변화로 인해 모든 분야에서 새로운 디자인 개발이 요구되고 있습니다. 산업디자인은 이러한 변화에 대응하여 시각디자인, 제품디자인, 환경디자인 등의 각 분야에 이르기까지 다양한 분야에 적용되고 발전되고 있습니다.

지역	대학명	학과명
서울특별시	건국대학교(서울캠퍼스)	산업디자인학과
	건국대학교(서울캠퍼스)	산업디자인전공
	경희대학교(서울캠퍼스)	산업디자인학과
	경희사이버대학교	산업디자인전공
	서울과학기술대학교	디자인학과(산업디자인전공)
	서울디지털대학교	디자인학과(산업디자인전공)
	서울시립대학교	산업디자인학과
	서울여자대학교	산업디자인학과
	성신여자대학교	산업디자인과
	성신여자대학교	서비스 · 디자인공학과
	숙명여자대학교	산업디자인학과
	연세대학교(신촌캠퍼스)	생활디자인학과
	이화여자대학교	산업디자인전공
	이화여자대학교	산업디자인전공(신)
	한양사이버대학교	산업디자인학과
	홍익대학교(서울캠퍼스)	디자인학부 산업디자인전공
부산광역시	경성대학교	제품디자인학과
	경성대학교	제품디자인학전공
	경성대학교	산업디자인학전공
	동명대학교	산업디자인학과
	동명대학교	산업디자인전공

지역	대학명	학과명
부산광역시	동서대학교	생산디자인학전공
	동서대학교	산업디자인학전공
	동서대학교	프로덕트디자인학전공
	동아대학교(승학캠퍼스)	산업디자인학과
	동아대학교(승학캠퍼스)	건축 · 디자인 · 패션대학 산업디자인학과
	동의대학교	산업디자인학과
	동의대학교	제품디자인공학전공
	신라대학교	제품디자인공학과
	신라대학교	제품디자인학과
	신라대학교	산업디자인학과
	신라대학교	산업디자인전공
대전광역시	목원대학교	산업디자인학과
	한국과학기술원	산업디자인학과
	한밭대학교	산업디자인학과
대구광역시	계명대학교	산업디자인과
	계명대학교	산업디자인전공
울산광역시	울산대학교	산업디자인학전공
광주광역시	광주대학교	산업디자인학과
	광주대학교	문화산업디자인학부
	광주대학교	디자인문화조형학부
	호남대학교	산업디자인학과
경기도	가천대학교(글로벌캠퍼스)	미술·디자인학부(산업디자인)
	가천대학교(글로벌캠퍼스)	산업디자인과
	가천대학교(글로벌캠퍼스)	산업디자인학과
	경기대학교	산업디자인전공
	경기대학교	산업디자인학과
	대진대학교	제품환경디자인전공
	명지대학교 자연캠퍼스	디자인학부 산업디자인전공
	신한대학교(의정부캠퍼스)	산업디자인전공
	안양대학교(안양캠퍼스)	디자인발명창업학부
	용인대학교	산업디자인학과
	용인대학교	라이프디자인학과
	중앙대학교 안성캠퍼스	디자인학부(산업디자인전공)
	한국산업기술대학교	디자인학부(산업디자인전공)
	한국산업기술대학교	디자인학부(융합디자인전공)
	한양대학교(ERICA캠퍼스)	테크노프로덕트디자인학과
	한양대학교(ERICA캠퍼스)	산업디자인학과
	협성대학교	산업디자인학과
	협성대학교	제품디자인학과
강원도	강원대학교(삼척캠퍼스)	문화상품디자인학과
	강원대학교(삼척캠퍼스)	산업디자인학과
	강원대학교	산업디자인학과
	상지대학교	산업디자인학과
	상지대학교	디자인학부 산업디자인전공
	연세대학교 미래캠퍼스(원주캠퍼스)	산업디자인학전공

지역	대학명	학과명
충청북도	건국대학교(GLOCAL캠퍼스)	산업디자인전공
	건국대학교(GLOCAL캠퍼스)	산업디자인학부
	극동대학교	산업디자인학과
	세명대학교	산업디자인학과
	중원대학교	산업디자인학과
	청주대학교	산업디자인학과
	청주대학교	산업디자인전공
	한국교통대학교	산업디자인전공
충청남도	공주대학교	제품디자인전공
	공주대학교	산업디자인공학부
	상명대학교(천안캠퍼스)	산업디자인전공
	상명대학교(천안캠퍼스)	산업디자인학과
	상명대학교(천안캠퍼스)	인더스트리얼디자인전공
	중부대학교	산업디자인학전공
	한서대학교	산업디자인학과
	호서대학교	산업디자인학과
	호서대학교	산업디자인전공
전라북도	군산대학교	산업디자인학과
	우석대학교	산업디자인학과
	원광대학교	공간환경ㆍ산업디자인학과
	전북대학교	산업디자인과
	전북대학교	산업디자인학과
	전주대학교	산업디자인학과
	전주대학교	제품디자인전공
	전주대학교	한지문화산업학과
	전주대학교	산업디자인학부
	전주대학교	산업제품디자인전공
	전주대학교	생산디자인공학과
	전주대학교	산업디자인전공
전라남도	세한대학교	제품디자인학과
경상북도	경일대학교	디자인학부 산업디자인전공
	경일대학교	산업디자인학과
	대구가톨릭대학교(효성캠퍼스)	산업디자인과
	대구대학교(경산캠퍼스)	산업디자인학과
	대구한의대학교(삼성캠퍼스)	산업디자인공학전공
	영남대학교	산업인터랙션디자인학과
	영남대학교	생활제품디자인학과
	영남대학교	산업디자인학과
경상남도	경남대학교	산업디자인학과
	인제대학교	제품디자인학과
	창원대학교	산업디자인학과
	한국국제대학교	산업디자인학과
제주특별자치도	제주대학교	산업디자인학부
세종특별자치시	홍익대학교 세종캠퍼스	디자인ㆍ영상학부 프로덕트디자인전공

시각디자인과

학과개요

만약 비상구의 표지가 글로만 되어 있다면 어떨까요? 혹은 초록색이 아닌 하얀색이었으면 어땠을까요? 분명 원래의 표지보다 비상구를 찾는 것이 쉽지는 않았을 것입니다. 이처럼 시각디자인과는 문자에 의한 전달과는 달리 이미지나 심벌 등에 의한 전달로 더 쉽고, 명확하게 알 수 있으며 상황에 따라 알맞은 정보를 제공하는 것이 요구됩니다. 시각디자인과는 현대 산업사회에서 보다 다양한 모습으로 변화하고 있으며, 이러한 시대와 사회적 요구에 맞추어 전공 이론과 실무 능력을 갖춘 창조적인 시각디자이너를 양성합니다.

지역	대학명	학과명
서울특별시	동양미래대학교	시각정보디자인과
	명지전문대학	커뮤니케이션디자인과
	명지전문대학	커뮤니케이션디자인학과
	백석예술대학교	디자인미술학부
	백석예술대학교	디자인학부
	서일대학교	커뮤니케이션디자인학과(3년제)
	서일대학교	시각디자인과
	서일대학교	커뮤니케이션디자인학과
	서일대학교	VMD전시디자인학과
	숭의여자대학교	시각디자인전공
	숭의여자대학교	산업디자인학과
	인덕대학교	시각디자인과
	한국폴리텍대학 서울정수캠퍼스 (서울정수캠퍼스)	시각디자인과
	한양여자대학교	시각미디어디자인과
	한양여자대학교	시각디자인전공
	한양여자대학교	시각미디어디자인학과
부산광역시	동의과학대학교	디자인계열
	동주대학교	광고시각디자인과
	부산경상대학교	디자인계열
	부산과학기술대학교	디자인학부
	부산과학기술대학교	토탈디자인계열
	부산과학기술대학교	디자인계열
인천광역시	경인여자대학교	디자인학부
	경인여자대학교	시각디자인과
대전광역시	대덕대학교	시각디자인과(3년제)
	대덕대학교	디자인학부
	대덕대학교	시각디자인과
	대덕대학교	예술체육학부 디자인과
	대덕대학교	예술학부 시각 · 리빙디자인전공

지역	대학명	학과명
대구광역시	계명문화대학교	디자인학부
	영남이공대학교	산업디자인과 시각디자인전공
	영남이공대학교	디자인스쿨
	영진전문대학교	시각디자인과
	한국폴리텍대학 영남융합기술캠퍼스 (섬유패션캠퍼스)	융합디자인과
광주광역시	서영대학교	디자인학부
	조선이공대학교	시각영상디자인과
경기도	경기과학기술대학교	시각정보디자인학과
	경기과학기술대학교	시각정보디자인과
	경복대학교	융합디자인과
	경복대학교	시각디자인학과
	경복대학교	시각디자인과(3년제)
	경복대학교	시각디자인과
	계원예술대학교	시각디자인과(3년제)
	계원예술대학교	시각디자인과
	계원예술대학교	비주얼다이얼로그군
	계원예술대학교	출판디자인과
	국제대학교	디자인계열
	김포대학교	시각디자인과
	동서울대학교	시각디자인학과
	동서울대학교	시각디자인전공
	동서울대학교	시각디자인과(자연과학계열)
	동서울대학교	시각디자인과
	동서울대학교	시각디자인과(예체능)
	동원대학교	시각정보디자인과
	두원공과대학교	시각디자인과
	서울예술대학교	시각디자인전공
	수원여자대학교	시각디자인과
	수원여자대학교	시각디자인과(2년제)
	신구대학교	시각정보디자인과
	신구대학교	시각디자인과
	안산대학교	시각미디어디자인과(2년제)
	안산대학교	시각미디어디자인과
	안산대학교	디자인애니메이션과
	여주대학교	시각디자인과
	연성대학교	시각디자인과 시각정보디자인전공
	연성대학교	시각디자인과(예체능계열)
	연성대학교	시각디자인과
	오산대학교	시각디자인과
	용인송담대학교	시각디자인과
	용인송담대학교	시각디자인학과
	유한대학교	시각디자인학과
	유한대학교	시각디자인과

지역	대학명	학과명
경기도	장안대학교	시각디자인과
	한국복지대학교	유니버설디자인학과
	한국복지대학교	유니버설디자인과
강원도	한림성심대학교	디자인과
충청북도	충북도립대학교	융합디자인과
	충청대학교	디자인학부 시각디자인전공
	충청대학교	시각디자인과
충청남도	백석문화대학교	디자인학부
	신성대학교	시각디자인과
	한국폴리텍 IV 대학 아산캠퍼스(아산캠퍼스)	시각디자인과
	한국폴리텍 IV 대학 아산캠퍼스(아산캠퍼스)	커뮤니케이션디자인과
전라북도	백제예술대학교	시각디자인과
	전북과학대학교	디자인과
경상북도	선린대학교	시각디자인계열
경상남도	창원문성대학교	디자인학부
제주특별자치도	제주한라대학교	시각디자인과
	한국폴리텍 I 대학 제주캠퍼스(제주캠퍼스)	융합디자인과

시각디자인학과

학과개요

교통 표지판의 그림이 친숙하죠? 문자에 의한 전달과는 달리 이미지나 심벌 등에 의한 전달은 더 쉽게 알아볼 수도 있고 더 기억에 남을 수도 있습니다. 시각디자인 학과에서는 정보나 메시지를 시각화하여 효과적인으로 전달할 수 있는 시각디자인에 관하여 배웁니다.

지역	대학명	학과명
서울특별시	경희대학교(본교-서울캠퍼스)	시각정보디자인학과
	경희대학교(본교-서울캠퍼스)	시각디자인학과
	경희사이버대학교	시각미디어디자인전공
	국민대학교	영상디자인학과
	국민대학교	시각디자인학과
	덕성여자대학교	시각디자인학과
	덕성여자대학교	시각디자인전공
	동덕여자대학교	시각&실내디자인전공
	동덕여자대학교	시각&실내디자인학과
	서경대학교	디자인학부(비주얼콘텐츠디자인전공)
	서울과학기술대학교	디자인학과(시각디자인전공)
	서울과학기술대학교	시각문화융합디자인학과
	서울대학교	시각디자인전공

지역	대학명	학과명
서울특별시	서울디지털대학교	디자인학부(시각디자인전공)
	서울문화예술대학교	시각영상디자인학과
	서울문화예술대학교	시각디자인학과
	서울여자대학교	시각디자인학과
	서울여자대학교	시각디자인전공
	숙명여자대학교	시각·영상디자인과
	숭실사이버대학교	시각디자인학과
	이화여자대학교	시각디자인전공
	이화여자대학교	시각정보디자인전공
	이화여자대학교	영상디자인전공
	한성대학교	시각영상디자인전공
	한양사이버대학교	뉴미디어디자인학과
	한양사이버대학교	시각디자인학과
	홍익대학교(서울캠퍼스)	디자인학부 시각디자인전공
부산광역시	경성대학교	시각디자인학전공
	경성대학교	시각디자인학과
	고신대학교	시각디자인학과
	동명대학교	시각디자인학과
	동서대학교	영상디자인학전공
	동서대학교	시각정보디자인학전공
	동서대학교	시각디자인학전공
	동서대학교	비쥬얼디자인학전공
	부경대학교	시각디자인학과
	신라대학교	시각디자인전공
	신라대학교	시각디자인학과
	영산대학교(해운대캠퍼스)	시각영상디자인전공
	영산대학교(해운대캠퍼스)	시각디자인전공
	영산대학교(해운대캠퍼스)	시각영상디자인학과
인천광역시	인천가톨릭대학교(송도국제캠퍼스)	시각디자인학과
대전광역시	목원대학교	시각디자인학과
	배재대학교	비주얼디자인전공
	한밭대학교	시각디자인학과
대구광역시	경북대학교	시각정보디자인학과
	계명대학교	시각디자인학과
	계명대학교	시각디자인과
울산광역시	울산대학교	시각디자인학전공
광주광역시	광주대학교	시각영상디자인학과
	광주대학교	시각디자인학과
	조선대학교	시각디자인학과
	조선대학교	디자인학부(시각·패키지디자인)
경기도	가천대학교(글로벌캠퍼스)	미술·디자인학부(시각디자인)
	가천대학교(글로벌캠퍼스)	시각디자인과
	강남대학교	복지융합인재학부 유니버설비주얼디자인전공
	경기대학교	시각정보디자인학과

지역	대학명	학과명
경기도	경기대학교	시각정보디자인전공
	단국대학교(죽전캠퍼스)	시각디자인과
	대진대학교	시각정보디자인전공
	명지대학교 자연캠퍼스(자연캠퍼스)	디자인학부 시각디자인전공
	명지대학교 자연캠퍼스(자연캠퍼스)	디자인학부 영상디자인전공
	중앙대학교 안성캠퍼스(안성캠퍼스)	디자인학부(시각디자인전공)
	평택대학교	영상디자인학전공
	평택대학교	영상디자인학과
	평택대학교	시각디자인학전공
	평택대학교	시각디자인학과
	평택대학교	시각디자인전공
	한세대학교	시각정보디자인전공
	한세대학교	시각정보디자인학과
	한양대학교(ERICA캠퍼스)	시각 · 패키지디자인전공
	한양대학교(ERICA캠퍼스)	영상디자인학과
	협성대학교	시각디자인학과
	협성대학교	시각조형디자인학과
강원도	가톨릭관동대학교	CG디자인학전공
	가톨릭관동대학교	시각디자인학과
	가톨릭관동대학교	CG디자인전공
	강원대학교(삼척캠퍼스)	시각멀티미디어디자인학과
	상지대학교	디자인학부 시각디자인전공
	상지대학교	시각영상디자인학과
	상지대학교	디자인학부 시각영상디자인전공
	연세대학교 미래캠퍼스(원주캠퍼스)	시각디자인학전공
충청북도	건국대학교(GLOCAL캠퍼스)	시각영상디자인전공
	건국대학교(GLOCAL캠퍼스)	시각광고디자인전공
	건국대학교(GLOCAL캠퍼스)	시각영상디자인학부
	건국대학교(GLOCAL캠퍼스)	영상디자인전공
	극동대학교	시각디자인학과
	세명대학교	시각디자인학과
	청주대학교	시각디자인학과
	청주대학교	시각디자인전공
충청남도	건양대학교	시각디자인학과
	건양대학교	시각디자인전공
	공주대학교	시각정보디자인전공
	나사렛대학교	시각공간디자인학과
	남서울대학교	시각공간디자인학과
	단국대학교(천안캠퍼스)	시각디자인과
	상명대학교(천안캠퍼스)	시각디자인전공
	상명대학교(천안캠퍼스)	시각디자인학과
	선문대학교	시각디자인학과
	한서대학교	시각디자인학과
	호서대학교	시각디자인학과

지역	대학명	학과명
충청남도	호서대학교	시각디자인전공
전라북도	예원예술대학교(임실캠퍼스)	시각디자인전공
	예원예술대학교(임실캠퍼스)	시각디자인학과
	우석대학교	시각디자인학과
	원광대학교	시각정보디자인과
	전주대학교	시각디자인전공
	전주대학교	시각디자인학과
	호원대학교	시각디자인학과
전라남도	세한대학교	시각정보디자인전공
	세한대학교	시각디자인학과
	순천대학교	영상디자인학과
	전남대학교(여수캠퍼스)	시각정보디자인학과
경상북도	경일대학교	디자인학부 시각디자인전공
	경주대학교	시각디자인학과
	경주대학교	시각디자인전공
	경주대학교	GUInternationalSchool
	경주대학교	시각디자인학전공
	경주대학교	시각예술디자인학과
	대구가톨릭대학교(효성캠퍼스)	시각디자인과
	대구대학교(경산캠퍼스)	시각디자인학과
	대구예술대학교	시각디자인전공
	대구예술대학교	모바일컨텐츠전공
	대구한의대학교(삼성캠퍼스)	시각미디어디자인학과
	대구한의대학교(삼성캠퍼스)	시각디자인전공
	동양대학교	시각문화디자인학과
	영남대학교	시각디자인학과
경상남도	인제대학교	시각디자인학과
	인제대학교	영상디자인학과
제주특별자치도	제주국제대학교	시각디자인학과
세종특별자치시	홍익대학교 세종캠퍼스(세종캠퍼스)	디자인컨버전스학부

출처: 커리어넷

웹디자인 관련 도서 및 영화

관련 도서

출처 : 교보문고

러닝스쿨! 한권으로 끝내는
HTML+CSS 웹 디자인 입문 (이재영)

　이 책은 HTML, CSS, 웹디자인 기초를 다루고, 예제를 만들면서 배워보는 책이다. 웹디자인에 대해 아무것도 몰라도 처음부터 차근차근 배울 수 있도록 HTML과 CSS 기초를 알려주며 반응형 웹, FLEXBOX, 그리드 등 최신 기술까지 익힐 수 있도록 도와준다. 나아가 뒷부분에서는 앞에서 배운 내용을 바탕으로 직접 하나의 웹사이트를 제작해 본다. 코드를 보고, 직접 손으로 입력하고, 만들면서 배우므로 실제 웹 사이트를 만드는 제작 흐름을 체험해 볼 수 있다. 더불어 이 책에서는 HTML과 CSS 같은 기본적인 기술 외에도 배색, 레이아웃, 타이포그래피 같은 '디자인 기초'도 함께 설명해 준다. 또, 웹 페이지 디자인을 위한 편집 툴과 디자인 관련해서 참고할 만한 다양한 정보도 소개한다. 어떻게 하면 예쁜 웹 페이지를 만들지 고민하는 독자에게도 유용한 책이 될 것이다.

모바일을 위한 웹디자인 (스매싱 매거진)

　『모바일을 위한 웹디자인』은 모바일을 위한 웹디자인, 웹개발, 웹기획에 대한 전반적인 내용을 배울 수 있는 책이다. 이 책은 크게 두 파트, 5개의 챕터로 구성되어 있으며 각 챕터는 웹디자인 업계에서 최고의 실력을 인정받은 전문가들이 집필하였다. 디자이너나 개발자 또는 모바일 전략가로서 여러분의 웹사이트를 위해 알아야 하는 가장 중요한 기술들을 집약해 놓았다. 반응형 디자인 전략, 디자인 패턴 및 최적화 기술을 탐색하고 모바일을 위한 와이어프레임 및 프로토타입에 대해 배울 수 있다. 제스처 및 터치로 디자인하기 위한 지침을 배울 수 있다.

일상 속에서 찾는 웹 API의 디자인 원리 (아노드 로렛)

웹 API는 새로운 서비스나 앱을 만들 때 기존에 존재하던 서비스가 제공하는 기능을 활용할 수 있도록 해준다. 굳이 기존 서비스에 대한 자세한 소스 코드를 알지 않더라도 개발자가 만드는 프로젝트에 쉽게 맞아 들어가는 레고와 같은 존재라고 생각할 수 있다. 그렇다면 나의 서비스를 다른 개발자가, 다른 애플리케이션이 쉽게 사용할 수 있는 API는 어떻게 만들어야 할까? 10년이 넘는 경력 기간 동안 다양한 웹 API를 마주하고 디자인했던 아노드 로렛이 지금까지 웹 API 디자이너들의 머릿속에 감으로만 자리 잡고 있던 노하우를 간단히 이해할 수 있는 개념으로 정리했다. 이 책은 우리가 당연하게 여기고 깊이 탐구해보지는 않았던 일상 속 사물을 예로 들어 API의 디자인 방법을 소개한다. 버튼들이 뒤죽박죽으로 섞인 리모컨, 정해놓은 시간까지 초단위로 카운트다운을 하는 알람시계같이 전혀 사용법을 알 수 없는 물건을 우리에게 익숙한 모습으로 되돌리는 과정을 보여주며 이를 웹 API 디자인 과정과 연결한다. API 디자인 자체에 대한 기초적인 이론과 실제로 사용하기 편한 웹 API를 디자인하는 방법, 실제로 웹 API를 운영하게 되었을 때 관리를 하는 방법까지 좋은 API를 제대로 디자인하는데 필요한 모든 개념을 담았다. 모던 웹 서비스를 만드는 이들이라면 반드시 알아야 할 지식을 손에 넣어보자.

CSS 코딩의 모든것, 웹 디자인 기초부터 완성까지!
(이용학 , 황현숙)

이 책은 웹 디자이너의 필수 지식인 CSS에 입문하는 사람들을 위한 코딩 도서이다. 기초적이지만 자주 사용하는 CSS의 기능을 수록하였다. 소스 코드와 함께 설명은 물론, 결과 화면을 제시하여 CSS에 대한 접근과 이해가 보다 쉽도록 구성하였다. 이러한 소스 코드를 스스로 따라해 보거나 응용할 수 있도록 교학사 홈페이지를 통해 이 책에 수록된 모든 예제 파일을 제공하고 있다. 이 책에서는 주로 많이 사용하는 HTML5의 태그와 CSS3의 프로퍼티를 중심으로 개념과 사용법을 익히는데 중점을 두었다. 우리가 모든 태그와 모든 프로퍼티를 기억할 수도 없고 그럴 필요도 없지만 어떤 기능들이 있는지는 전반적으로 잘 파악해두어 기능별로 빠짐없이 전체를 조망할 수 있도록 내용들을 구성하였다.

버려지는 디자인 통과되는 디자인 웹&앱 디자인 (신승희)

통과되는 디자인은 어떤 디자인일까? 버려지는 디자인과 통과되는 디자인의 기준이 있을까?

이 책은 20년 이상 웹&앱 디자인 작업을 진행해 온 저자가 실제 디자인 작업을 하면서 버려졌던 디자인과 통과되었던 디자인 시안을 통해 웹&앱 디자인 작업 시 꼭 알아야 하는 실무 이야기를 들려준다. 디자인을 보는 눈을 키우고 명확한 기준을 세우는 데 도움이 되도록 디자인 이론을 제시하고 컬러, 그리드, 타이포그래피, 그래픽 요소, UX(사용자 경험)를 주제로 89개의 디자인 시안 아이템을 직관적으로 보며 이해할 수 있도록 비교 분석하였다. 다양한 웹&앱 디자인을 포괄적으로 작업해 온 저자의 경험을 통해 실무 노하우를 익힐 수 있으며, 웹/앱/웹&앱 디자인 사례를 통해 어떤 점을 수정해야 좋은 디자인이 되는지 파악할 수 있다. 좋은 디자인의 장점만 부각하는 게 아니라, 잘못된 디자인의 잘못된 부분을 함께 살펴보며, 실제 프로젝트를 디자인한 실무자의 시각으로 하나의 디자인을 심도 있게 살펴볼 수 있다. 통과되는 디자인을 위해서는 단순히 좋아 보일 뿐만 아니라 많은 경험과 연구가 필요하다. 수차례 디자인을 수정했음에도 디자인이 통과되지 못한 경험이 있는 디자이너, 자신의 디자인이 통과되지 못했음에도 문제나 수정할 점이 보이지 않았던 디자이너, 도대체 무엇이 문제인지 어디서부터 시작해야 할지 모르는 디자이너에게 이 책을 추천한다.

개발자, 웹디자인에 뛰어들다 (브라이언 P. 호건)

개발자들은 웹사이트가 어떤 언어로 작성되는지, 브라우저가 어떻게 렌더링을 하는지 등을 잘 이해하지만, 색상이나 글꼴 등에는 그리 신경을 쓰지 않는다. 『개발자 웹 디자인에 뛰어들다』는 음식 레시피 웹사이트를 리뉴얼하면서, 디자인 시 고려해야 할 기본 사항들을 하나씩 짚어가며 설명한다. 웹사이트에 사용할 색상을 어떤 식으로 선택할지, 글꼴과 줄간격을 어떻게 지정해야 읽기 편한지 등을 설명하며, 이를 구현할 때는 어떤 프로그램(포토샵, 일러스트레이터 등)을 어떤 식으로 사용하는지 등도 알려준다. 또한 실제 시각 장애인들이 사용성과 접근성을 고려하지 않은 사이트를 어떻게 보게 되는지 사진으로 보여준다.

반응형 웹디자인 (이단 마콧)

  '반응형 웹디자인'이라는 말, 아주 잘 알고 계시죠? 이 책의 초판이 나올 때까지만 해도 생소했을 것이다. 왜냐면 이 책의 저자가 '반응형 웹디자인'이라는 말을 만든 장본인이기 때문이죠. 웹 표준 기술의 세계적인 선구자이자 글로벌 웹디자인계의 리더인 이단 마콧은 웹디자인 산업의 빠른 변화에 맞춰 이 책을 개정 출간했다. 웹디자인 역사는 빠르게 변하지만 오래도록 변하지 않는 가치가 있다. 반응형 웹디자인 (개정판)에서는 반응형 디자인의 변치 않는 세 가지 구성요소에 여전히 집중한다. 여러분이 반응형 웹디자인을 처음 시작하는 초보자든, 아주 익숙한 숙련자든 이 책은 여러분의 디자인 과정에서 끝까지 함께할 원칙을 지켜준다. 이단 마콧은 가변 그리드, 가변 이미지, 미디어 쿼리라는 여전히 유효한 디자인 원칙으로 당신의 웹사이트를 어디로든 보내줄 것이다.

만들면서 배우는 모던 웹사이트 디자인 (야무)

  현업에서 활동하고 있는 많은 웹 디자이너들의 현실을 들여다보면 주먹구구식으로 웹사이트를 디자인하고 있는 경우가 많다. 그러다 보니 더 나은 방법, 더 효율적인 방법이 있음에도 오랜 시간을 낭비하면서 비효율적으로 디자인하고 있는 상황이다. 이 책은 웹 디자이너들이 현장에서 부딪치는 문제에 대해 오프라인 강의를 통해 검증받은 야무 저자가 자신의 경험을 바탕으로 한 디자인 테크닉과 노하우를 중심으로 구성함으로써 웹 디자이너들의 작업 환경을 개선하고, 업무의 효율성을 높이기 위해 쓰여졌다. 이 책은 웹사이트 디자인을 위한 단순한 이론적 지식이나, 단순하게 배워 대충 써먹을 수 있는 디자인 기술을 설명하고 있는 책이 아니다. 웹 디자이너가 기본적으로 갖추어야 할 소양은 물론, 현장에서 지향하는 지식과 기술을 바탕으로 플러스 알파가 되는 실전 테크닉을 배울 수 있다. 거기에 그치지 않고 가상의 웹사이트를 프로토타입부터, 실제 디자인을 거쳐 반응형 웹사이트로 변환하는 과정을 실습해 보면서 책에서 다룬 웹사이트 디자인 소양과 테크닉이 어떤 과정에서 어떻게 활용되는지 확인할 수 있다.

인터랙티브 웹디자인북 (최성일)

『인터랙티브 웹디자인북』은 JAVASCRIPT와 JQUERY를 처음 접하는 사용자를 위한 입문서이자 활용서이다. 책은 HTML5, CSS3, JQUERY 문법 중 실무에서 자주 쓰이는 구문 40개로 기초를 다진 후에, 9개의 실전 예제를 단계별로 따라하면서 자연스레 실무감각을 익힐 수 있도록 구성했다.

관련 영화

출처 : 네이버영화

임스: 더 아키텍트 앤 더 페인터 (2011, 1시간 24분)

미국 산업디자이너계에서 가장 중요한 인물로 평가받고 있는 부부 디자이너 찰스와 레이를 담고 있는 전기 다큐멘터리이다. 찰스임스(Charles Eames 1907-1978)는 20세기 건축, 산업, 그래픽디자인, 미술, 영화등 다양한 분야에 영향을 준 미국 디자이너이다. 찰스는1907년 미국 미주리 주 세인트 루이스에서 태어났다. 14살때 라클리드 스틸컴패니라는 철강회사를 다니며 건축과 엔지니어링에 많은 관심을 가졌고 기술을 습득하면서 자연스럽게 워싱턴대학에서 건축학을 전공한다. 하지만 대학에서는 시대를 너무 앞선 디자인 철학을 지녔다는 이유로 퇴학을 당한다.

아카데미 장편 다큐멘터리 작품상 후보에 두 차례 올랐던 다큐멘터리 전문감독 빌 저지와 시나리오를 쓴 제이슨 콘이 공동으로 연출하였다. 목소리를 들려주는 인물은 〈혹성탈출: 진화의 시작〉의 제임스 프랭코이다.

마웬콜 (2010, 1시간 23분)

감독 톰 푸트남이 미니어처 아티스트인 제프 말렘버그와 손잡고 창조한 독특한 스타일의 다큐멘터리. 전쟁 다큐의 형식을 미니어처로 연출, 세계 대전 당시의 마을과 배경, 스토리라인을 리얼하게 잡아냈다. 남자라면 누구나 어렸을 적 장난감 병정을 가지고 놀았던 기억이 있다. 그러나 마웬콜은 전쟁놀이에 대한 환상을 무참히 깨버린다. 총에 맞아 죽어가며 포화 속에서 울부짖는 병정, 잔혹하게 죽어가는 사람들. 마치 현실 속 전쟁의 모습은 이렇다고 외치기라도 하듯 영상은 실제를 넘어서는 리얼 다큐를 추구한다. 그렇기에 전쟁을 한낱 병정놀이로 생각하는 사람들에게 영화 마웬콜은 많은 불편함을 안겨다 준다.

프레스포즈플레이 (2011, 1시간 28분)

스웨덴의 영상 에이전시 House of Radon이 제작한 디지털 혁명이 개인과 예술, 산업에 어떤 영향을 미쳤는지에 대한 인터뷰 다큐멘터리. 영화는 하나의 특정한 관점이나 화자를 두지 않고, 80여 분에 걸쳐 여러 창작자와 평론가의 이야기를 쉬지 않고 들려준다. 디지털 혁명과 그 시대를 낙관하는 자, 비관하는 자, 그 안에서 활동하는 자까지. 문화적 힘을 가진 자들의 손쉬운 구호 내지는 회고를 넘어서, 말과 말의 사이를 채우는 영상을 통해 그들의 공간, 움직이는 법, 백스테이지, 준비과정, 애니메이션, 인쇄소, 프레스 공장 등 최종적인 결과물 외에는 볼 수 없었던 부분을 관찰할 수 있다.

잊혀진 꿈의 동굴 (2010, 1시간 30분)

1994년 프랑스 남부 아르데스 협곡, 3만 2천 년 전 인류의 꿈을 고스란히 간직한 신비로운 동굴 하나가 발견된다. 탐험대장의 이름을 따라 쇼베 동굴로 명명된 그곳에는 동굴곰, 털코뿔소, 메머드 등 멸종된 희귀동물의 모습들을 입체적으로 그려낸 300여 점의 원시예술벽화가 광활하게 펼쳐져 있었다. 마치 동굴 한복판에 서 있는 듯 무아지경의 황홀감을 선사하는 세계적 거장 베르너 헤어조크의 3D 영상을 통해 3만 년간 봉인된 꿈의 기억을 향한 경이롭고도 환상적인 여정이 시작된다

선물 가게를 지나야 출구 (2010, 1시간 27분)

'선물가게를 지나야 출구'라는 독특한 제목의 이 다큐멘타리 영화는 예술 가의 이야기다.

이 영화의 감독 뱅크시는 그래피티를 통하여 세상에 저항한 스트리트 아 트를 실현한 인물이다. 철저히 자신의 정체를 숨기고 활동하는 것으로 유명 한 그는 거리에 여러 가지 낙서를 그리면서 속칭 예술테러리스트로 활동한 다. 얼굴이 노출된 적이 없기 때문에 정확히 그가 어떻게 생겼는지를 알 수 없고 영화에서도 그는 얼굴을 숨긴 채 등장한다. 뱅크시가 이 영화를 만든 것은 티에리라는 인물을 보 여주기 위해서다. 즉, 이 영화는 티에리 구에타라는 짝퉁 예술가에 대한 것을 뱅크시가 보여준다. 티에 리 구에타는 젊은 시절부터 촬영하기를 좋아하던 사람이었다. 카메라를 들고 무조건 찍는 것이 습관 인 그는 직접 찍은 몇 박스의 비디오테잎을 가지고 있을 정도로 카메라를 들고 다니는 것이 일상이었 다. 그러다가 거리에서 작업하는 스트리트 아트에 관심을 갖게 되었고, 그걸 집착적으로 찍기 시작한 다. L.A에 사는 그가 영국에 사는 뱅크시를 만나게 된 것은 뱅크시가 미국에 와서 작업할 때였다. 뱅크 시에게 반한 티에리는 무작정 그를 찾아가게 되고 결국 촬영을 허락받게 된다. 그때부터 티에리는 뱅 크시의 작업장을 찾아다니며 그를 촬영하게 된다.

별을 삼키는 도시 (2011, 1시간 23분)

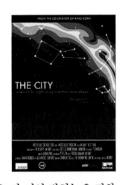

우리가 잃어버린 '어둠', 빛 공해에 대한 다큐멘터리.

영화감독 이안 체니는 시골에서 도심으로 온 이후, "과연 우리에게 별이 필요할까?"라는 엉뚱한 질문을 던진다. 그는 브룩클린과 마우나케아산, 파 리 등을 여행하며 답을 찾고자 한다. 플로리다 해안에서 거북이가 알을 낳 는 과정을 연구하고, 시카고의 거리에서는 다친 새를 구조하면서 그는 화려 한 불빛으로 가득 찬 도시가 지구에 어떤 영향을 미치는지 탐구해나간다. 인류가 밤마다 인공 불빛에 노출된 이래 유방암 발병률이 증가하고, 아이들은 더 이상 밤하늘을 관찰 하지 못한다. 본 다큐멘터리는 아름다운 밤하늘의 모습과 각 분야 석학들과의 인터뷰를 통해 빛 공해 현상과 '잃어버린 별'에 대해 생생하게 그리고 있다.

베스트 웹디자인 사이트 소개

디비컷
(www.dbcut.com)

많은 웹디자이너들이 알고 있는 대표적인 웹모음 사이트다. 한국 사이트가 많고 종류별로 잘 나뉘어 있다. 웹에이전시도 많이 볼 수 있고 구인,구직이나 의뢰도 할 수 있다. 디비컷은 신규 오픈한 국내외 웹사이트를 소개 평가하는 웹디자인 커뮤니티이다.

GDWEB
(www.gdweb.co.kr)

굿 디자인. 디비컷과 유사한데 반응형이나 예쁜 디자인이 디비컷보다 좀 더 많은 편이다. 국내 우수 웹사이트 선정하여 시상한다.

핀터레스트
(www.pinterest.co.kr)

웹뿐만 아니라 여러 분야의 디자인과 정보를 볼 수 있고 처음 로그인할 때 원하는 분야를 선택해서 볼 수 있다. 항상 새로운 것들을 업데이트해서 보여 주고 많은 디자이너들이 자신의 작품을 올려 포트폴리화한다고 한다. 직접 웹사이트에 들어갈 수 없는 디자인들도 많지만, 많은 걸 보고 자기 핀을 주제별로 저장할 수 있다는 게 굉장히 매력적이다. 요리법, 집 꾸미기 아이디어, 영감을 주는 스타일 등 시도해 볼 만한 아이디어를 찾아서 저장해 보라.

Behance
(www.behance.net)

멋진 디자인들이 많기로 유명한 외국 사이트다. 외국의 멋지고 트렌디한 웹들을 충분히 볼 수 있다. 이 안에서 멋진 웹도 추천하며 선정한다.

siteinspire
(www.siteinspire.com)

영감을 주는 사이트다. 멋진 외국 사이트들을 볼 수 있는 곳이며 주제별, 타입별, 스타일별로 골라 볼 수 있는 곳이다. 사이트들에 멋진 효과가 많아서 눈이 참 즐거워진다.

dribbble (dribbble.com) 	멋진 외국 사이트들을 아주 많이 볼 수 있는 곳다. 외국 사이트들은 한국 사이트에 비해 효과가 화려하고 멋진 웹을 볼 수 있다는 장점이 있다.
The Best Design (www.thebestdesigns.com) 	여러 나라의 웹디자인이 업데이트 되는 곳다. 유명 디자이너의 정보도 얻을 수 있다. 작업장의 모습이나 특징별로 collection 페이지도 있으니 볼 게 많은 깔끔한 페이지다.
CSS Design Awards (www.cssdesignawards.com) 	반응형 사이트에서 css로 순위를 매기는 사이트다. 퍼블리셔로서 디자인뿐만 아니라 코드 참고에도 굉장히 도움이 많이 되는 사이트다.
CSS Winner (www.csswinner.com) 	웹사이트들이 올라오면 점수를 주고 순위를 매기는 사이트다. 웹디자이너와 웹퍼블리셔 모두에게 유용한 참고가 될 수 있는 사이트다.
straightline bookmark (bm.straightline.jp) 	일본의 예쁜 웹 모음 사이트다. 세련되고 감성적인 디자인들이 눈에 띈다. 일본 웹의 트렌드를 참고할 수 있어서 도움이 많이 되는 사이트다.

출처 : 모던바디 홈PT

톡톡 튀는 유명한 웹디자이너

출처 : 네이버블로그 neo067

설은아 아트디렉터

- (현) 포스트비쥬얼 공동대표 / Creative & Art Director
- 국민대학교 시각 디자인학과 졸업

사진출처 : 디자인하우스M

전 세계 사람과 호흡하는 웰 메이드를 지향한다, 설은아 아트디렉터.

국내 웹디자인 분야에서 이름 석자로 유명한 디자이너가 있다. 바로 포스트비쥬얼의 설은아 대표다. 스타 디자이너가 부족한 현실을 감안할 때 그녀의 이름은 업계에서 모르는 사람이 없을 정도다. 그녀는 2000년도에 이정원 공동대표와 포스트비쥬얼을 설립, 설립 4년 만에 국내뿐만 아니라 세계 유수의 광고제 및 영화제에서 다양한 수상 경력으로 화제를 일으키며 웹디자인의 선도적인 역할을 수행하고 있다. 설은아닷컴(www.Seoleuna.com)으로 시작하여 현재 포스트비쥬얼(www.postvisual.com)에 이르기 까지 종횡무진 활약하는 설은아 씨를 만나 보았다. 1999년 설은아닷컴(www.seoleuna.com)을 오픈하여 인터넷을 이용한 웹 아트(Web Art)라는 새로운 영역에서 많은 영향력을 발휘한 설은아 씨는 당시 무려 1만여 명의 네티즌이 투표에 참가한 제1회 디지털아트페스티벌(IDAF)에서 대상을 수상하였고, 로테르담 필름 페스티벌 등에 초대작가로 불려 다녔을 정도로 웹디자인계 입문부터 화려한 수식어가 따라다녔다. 그리고 그녀의 열정은 4-5년이 지난 지금도 전혀 식지 않고 더욱 전성기를 누리고 있다. 영화 '4인용 식탁' 홈페이지(http://postvisual.com/theUninvited/)로 깐느광고제 황금사자상과 뉴욕 광고제 금상을 수상하였고, 또한 2004 커뮤니케이션 아트 인터랙티브 디자인 애뉴얼 WINNER를 수상했다. 그리고 'So Cool(http://socool.curitel.com)', '파란닷컴' 프로모션 사이트로 런던 광고제 파이널리스트에 선정되었으며, 파란닷컴 티저사이트(http://box.paran.com)와, 영화 '스캔들' 웹사이트(www.thescandal.co.kr)로 뉴욕광고제 인터랙티브 어워드 두 개 부문 은상을 수상하는 등, 한 번도 타기 힘든 해외 어워드에서 몇 차례나 수상하는 성과를 이루었다.

유고 나카무라 플래쉬 디자이너

(현) 디자인스튜디오 THA 대표

- 프리랜스 감독/디자이너 겸임
- 웹개발회사에서 아트디렉터로 활동,
  건축사업가로도 활동함
- 엔지니어, 건축가로 일함.
- 동경대 공학 석사과정 수료

플래쉬웹을 공부하는 사람들은 누구나 이 이름을 들어봤을 것이다. 기억은 못하겠지만, 그의 환상적인 홈페이지(http://yugop.com/)들어가 보았을 것이다. 인터넷이 활성화되기 시작하던 시절부터, 솜씨가 뛰어난 플래쉬 디자이너로 알려져 있다. 오랜만에 들어가 본 그의 홈페이지는 여전히 환상적이었다. 그는 이 홈페이지를 통해 자신의 실력을 여실하게 드러낸다. '정말 디자이너의 홈페이지답다'라는 느낌이 들게 그의 역량을 선보인다. 클라이언트 및 디자이너들은 나카무라 유고의 실력을 홈페이지만으로 한 순간에 인식하게 된다. 그의 디자인은 다이나믹하며 역동적이다. 그럼에도 쉽게 질리지 않는 것 또한 장점이다. 보면 볼 수록 오랫동안 재미있게 지켜볼 수 있는 디자인들이다. 정지된 사진이 아니라 움직이는 영상을 만들어내며 그 가치를 온라인에서 구현해낸다. 그의 홈페지는 기능적인 면에서도 최고다. 그의 홈페이지를 익스플로러 창을 작게 줄여 놓아도 메인 화면은 일그러지지 않는다. 그익 홈페이지는 익스플로를 따라서 맞추어진다. 필자가, 나카무라 유고를 처음 알게 되었을 때, 그는 건축가라고 들었다. 플래쉬를 취미로 했고 너무나도 뛰어난 실력 때문에 프리랜서로 활동하기도 한다고 들었다. 매일경제의 "라이너스의 일본 그래픽 기행 #5"을 통해 그가 단순한 건축가가 아니라 "교량 설계사"였다는 것을 알게 되었다. 꽤 오랫동안 활동한 유명한 디자이너임에도 불구하고 그의 온전한 사진을 구하기 힘들다. 그의 최고의 디자인은 유니클락(Uniclock)이 아닐까 싶다. 단순히 퀄리티나 참신하기 때문이 아니다. 유니클락은, 디자이너의 시각으로 만들어진 PR이다. 단순히 알리는 "홍보"가 아니라 커뮤니케이션인 PR이며, 디자이너이기에 가능했던 뜸한 소재이기도 하다. 유니클로의 급속한 성장은 유니클로 스크린세이버(이하 유니클락)의 영향을 무시할 수 없을 것이다. 참신하고 깔끔하며, 4명의 여성들이 유니클로의 옷을 입고 행위예술 같은 춤을 춘다. 실제로, 우리나라의 광고에서도 이 스크린 세이버 오마주가 쓰이기도 했다. 모 음료수의 광고였다. 유니클락 스크린세이버는 밤이 되면 잠이 든 모습을 보여주거나 일기를 쓰기도 한다. 유니클락 전용 홈페이지를 통해 세계에서 유니클로 스크린 세이버를 사용하는 사람들의 숫자도 볼 수 있다. 그의 스튜디오 THA의 작업에 대해서 한국 사람들에게 잘 알려진 것은 http://ffffound.com/ 사이트다.

◆ 기타 나가무라 유코 및 스튜디오 THA 작품들

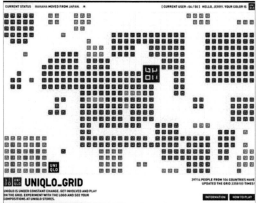

조슈아 데이비스 그래픽 디자이너

(현) 디자이너 겸 작가/ School of Visual art 교수

- BMW z4쿠페 런칭사이트/
  모토롤라 런칭사이트 등
- 프리아르일렉트로니카 골든니카어워드
  넷엑셀런스 수상
- 인터넷포럼 Dremless 운영
- 웹에이전시 키오켄 웹디자이너

그의 작품을 몇 가지 살펴보자.

    그래픽판타지 디자이너라는 수식어가 붙게 되는 이유는 그의 작업방식 때문이다. 기존의 일러스트레이트처럼 펜과 손으로 디자인하는 게 아니라 플래시의 연산을 프로그램밍하여 컴퓨터가 만들어내는 랜덤한 값을 그림의 포지션이나 스케일 등에 적용시켜 새로운 이미지를 만들어서 작업을 한다. 어찌보면 프로그래머의 성격에 다 가까운 것 같다.

세계적으로 유명한 맥주기업인 하이네켄을 디자인한 것이다. 단순히 하이네켄 로고와 또 다른 패턴을 넣어서 포지션과 스케일로만 조정을 하여 디자인을 한 것이다. 마치 이 맥주를 마시면 신비로운 세계에 빠지는 것 같은 디자인을 보여 준다.

윈도우8 이용자들에게 익숙한 화면이다. 윈도우라는 제품과 참 잘 어울린다. 점점 빠져들게 만드는 윈도우 제품군을 표현한 것 같다.

그의 말이다.

"일단 변화한다는 건 매우 중요한 것, 사람은 모두 자기 만족에 쉽게 빠지기 십상, 전 모든 걸 뒤집어엎고 새로 시작하는 것을 계속적으로 시도할 거예요"

출처 : 웹디자인 매거진

카일 쿠퍼 모션그래픽 디자이너

헐리우드 영화 타이틀 시퀀스의 뛰어난 비쥬얼 모션 그래픽으로 전 세계에 이름을 알린 모션그래픽의 귀재 카일 쿠퍼!

거의 10년 전 플래시를 이용한 모션그래픽이 큰 화제였던 당시 업계 디자이너들에게 이와 관련된 플래시, 모션그래픽 스토리텔링이 큰 관심을 받았던 적이 있다. 당연히 이를 제작하는 비쥬얼 크리에이터의 관심 또한 자연스럽게 높아졌었는데, 이때 많은 주목을 받았던 모션그래픽 아티스트 중에는 조슈아 데이비스, 토드 퍼거슨, 일본에 유고 나카무라, 에릭 나츠케, 한국엔 설은아 그리고 전설에 가까운 미국의 카일 쿠퍼까지 국내에 방한하면서 모션그래픽을 이용한 다양한 스토리텔링이 굉장한 화제였다. 이중 가장 우리에게 충격과 거대한 부러움을 던져 주었던 인물이 바로 카일 쿠퍼였다. 1995년 브래드 피트와 모건 프리먼이 주연했던 범죄영화 세븐(Seven)의 도입부 타이틀 시퀀스로 일약 스타가 된 카일 쿠퍼, 그리고 그가 만들었던 회사 이미지내리포스는 당시 국내 디자이너들에게 상당한 많은 영향과 동경을 던져 주었던 기억이 있다. 미국 예일대 그래픽 디자인을 전공한 카일 쿠퍼는 뉴욕의 한 광고 에이전시에서 크리에이티브 디렉터로 그의 경력을 쌓기 시작하였으며, 1995년 그의 경력에 전향점을 마련한 영화 Se7en의 타이틀 시퀀스를 제작하게 된다. 이듬해인 1996년 Imaginary Forces 를 설립하여 닥터모로의섬, 플러버, 미이라, 스파이더맨 등 헐리웃 영화의 메인 타이틀 시퀀스를 제작하게 된다. 이후 2003년 자신이 설립한 회사를 떠나 프롤로그(Prologue)라는 자신의 회사를 설립하여 현재까지도 꾸준하게 영화를 중심으로 광고 등 다양한 모션그래픽의 선두를 달리고 있다. 최근작 배틀쉽에서부터 미션임파서블, 트와일라이트 시리즈, 셜록홈즈, 스파이더맨3, 고질라, 수퍼맨리턴 등의 헤아릴 수 없을 만큼 수많은 영화 타이틀 시퀀스 뿐만 아니라 광고 등에서 모션그래픽의 프론티어로서 지금 이 시간에도 끊임없는 비쥬얼을 쏟아 내고 있다.

생생 인터뷰 후기

⟡ 저자 오승훈

지난 '가수 편'에 이어 2번째 책을 출간하게 되어 너무 뜻 깊고 기쁜 마음이 든다. 이번엔 가수와 전혀 다른 분야인 '웹디자이너'를 선택했는데, 전부터 이 직업에 대해 굉장히 관심이 많았다. 정보통신공학을 전공한 나는, 개발자와 디자이너 그리고 기획자까지 삼박자가 어우러진 일을 하고 싶다는 생각을 하고 있기 때문이다. 실제로도 '기획 + 디자인 + 개발' 업무까지 모든 것을 직접 진행하고 관리하는 팀의 팀장직을 맡고 있어서 그런게 아닐 까 싶다. 4차 산업혁명 시대에 가장 이슈이며 혁신을 이끄는 집단에서 꼭 필요한 직군 3가지인 것 같다. 그래서 정말 많은 학생이 궁금해하리라 생각하고, 나 또한 이 분야에서 일하는 다양한 분들의 이야기가 정~말 궁금했다. 실제로 인터뷰를 진행하고 나니까, 현업 인들이 이 직업을 갖게 된 이유도 정말 다양하며 현재 이 일을 하면서 느끼는 감정과 열정도 다르다는 것을 몸소 깨달을 좋은 기회였다. 웹 또는 앱에 관심이 많은 학생은 꼭 이 책을 읽고 도움이 되기를 희망한다.

⟡ 안송이 디자이너님

시리즈 중 '마케터' 편을 쓰셨던 윤영재 작가님께서 수소문해 주셔서 소개를 받게 되어 인터뷰에 응해주신 송이 팀장님. 인터뷰 요청 당시에 너무 바쁘신 일정을 소화 중이셨음에도 불구하고, 밝은 모습으로 답변해주셔서 너무 기쁜 마음이었다. 사실 라이트브레인 회사 자체는 잘 몰랐지만, 작업하셨던 디자인을 보니 내 기억 속에 있는 각종 사이트가 있는 것을 보고 굉장히 신기했다. 대기업에서 진행하는 디자인을 많이 맡으셔서 그랬겠지만, 정말 많은 고민과 분석을 통해 나온 디테일한 디자인이라는 게 눈에 보였다. 인터뷰 파일을 주고받는 중의 대화에서도 뭔가 단단하신 분이라는 것을 느끼며, 나 또한 팀장의 직책으로서 저런 단단함을 가지고 있을까? 하는 의문이 들면서 다짐도 하게 되었다. 너무너무 감사드려요. 송이 팀장님 ^^.

● 송아미 디자이너님

이번 인터뷰의 첫 번째 주인공이셨던 아미 님. 갑작스러운 인터뷰 요청에도 불구하고 흔쾌히 응해주셔서 정말 감사했다. (ㅠㅠ 그동안 몇몇 분들의 거절을 당하고 좌절하고 있던 저자). 밝은 에너지와 웃음이 카톡 메시지에서도 전달이 될 정도여서 계속 미소지으며 이야기를 나누었다. 비록 시기가 시기인 만큼 직접 만나 뵙지는 못하여 온라인으로 진행된 인터뷰였지만, 가장 먼저 원고를 주셨음에도 불구하고 성심성의껏 꽉꽉 채워서 작성해주신 인터뷰에 너무 감동하였다. 스타트업을 운영하시며 유튜브 채널까지 운영하시는 것을 보고, 진짜 찐으로 본인의 업을 사랑하시고 즐기고 계시는 모습에 나 또한 동기부여를 얻을 수 있었다. 진심으로 감사드립니다. 아미 님 ^^.

● 박혜진 디자이너님

ㅋㅋㅋㅋㅋㅋㅋㅋㅋㅋㅋ. 바로 이렇게 웃음부터 나는 혜진 님. 인터뷰 요청 시작부터 끝날 때까지 웃음이 멈추질 않는다. 사실 지금도 후기를 쓰면서 웃고 있다. 인터뷰 내용을 전달해주시기로 한 날을 잠시 잊으시는 바람에 갑자기 떠올랐다며 엄청나게 당황하신 전화 목소리가 잊히질 않는다. 정말 유쾌하신 분이고 긍정 에너지가 발산되는 분이다. 그 웃음 속에서도 일에 대한 자부심 또한 놓치지 않고 계셨다. 우연히 시작했다고 하셨지만, 지금은 일하시면서 책임감과 성실함을 보여주시는 것 같아서, 그 열정을 전달받을 수 있었다. 메인 사진을 고르시면서 혼자 찍은 셀카가 없다고 이건 어떤지 저건 어떤지 계속 보내주셨던 것도 열정의 한 부분일 것이라 믿어 의심치 않는다. 인터뷰이 중의 최고의 인싸력을 보여주신 혜진 님 정말 감사드려요 ^^.

● 고은비 디자이너님

쑥스러움 속에 확실함을 보여주셨던 은비님. 인터뷰 요청을 하기 위해 긴 글을 써서 보내드렸는데, 쑥스러워하시면서도 행복함과 함께 답변을 주셨던 모습이 기억이 난다. 사전 인터뷰 내용을 간략하게 요청했음에도 불구하고 세세하고 디테일한 내용까지 전달해주시는 모습에서, 프리랜서의 정확함(?)이랄까? 확실함(?)이 있었다. 디자이너와 기획자, 개발자의 소통에서 가장 중요한 부분이 정확한 의도와 답변을 주는 것으로 생각하는데, 최대한 의도를 오해 없이 전달하기 위해 노력하며 이야기 드렸더니 더욱 성실하게 답변을 해주셨다. 은비님과의 소통에서는 불편함을 찾을 수 없었다. 1인 기업을 운영하시는 대표님이자 프리랜서로서 손색없는 모습에 너무 멋지다는 느낌을 받았다. 앞으로도 하시는 일 더 잘되시길 빌어요. 은비님! 너무 감사드려요 ^^.

◉ 석온슬 디자이너님

원래 해외에서 일하시는데, 한국에서 일하시는 그 기간 중 딱! 인터뷰 요청을 하게 되었다. 기가 막힌 타이밍이 너무 좋았던 온슬 님. 말로만 듣던 실리콘밸리에서 일하시는 분을 뵙게 된다니…. ㅎㅎ 온슬 님께서는 온화한 바람이 부는 숲에서 대화하는 느낌이었다. 그리 가볍지도 않지만 그렇게 무겁지도 않은 적당한 단단함을 가진 분 같았다. 인터뷰 기간에 너무 바쁘심에도 불구하고 요청한 부분을 최대한 많이 챙겨주시려는 모습을 보여주셔서 너무 감사드릴 뿐이었다. 출간일에 미국으로 다시 넘어가실 수 있다고 하셨는데, 결국 출간 전에 미국으로 이미 넘어가시는 바람에 너무 아쉬울 따름이다. 미국으로 책 예쁘게 보내드리겠습니다. 온슬님. 인터뷰에 응해주셔서 진심으로 감사드립니다 ^^.

◉ 사보미 디자이너님

가장 마지막에 인터뷰하게 된 보미 님. 6번째 인터뷰! 마지막을 장식해주셨다. 스타트업 기업에서 디자인을 총괄하고 계신다고 하셨다. 스타트업을 꾸준히 다니고 있는 나 또한 스타트업에서 일을 하기가 쉽지만은 않다고 생각하는데, 보미 님도 본인 일에 열정과 자부심을 가지고 일을 하시는 것 같았다. 보미님도 인터뷰를 드리는 타이밍에 너무 바쁘신 일정이 겹치셔서 보강자료를 요청하는 데 너무 죄송스러운 마음이 있었는데, 그런데도 열심히 찾아서 보내주시는 모습에 너무 감사드렸다. 너무 오래 기다리게 해드린 것 같지만, 이번 인터뷰 내용을 편집하면서 이 내용을 통해 많은 청소년 친구들에게 힘이 될 것을 생각하니 너무 두근거리며 기쁜 마음이다. 제 잦은 연락에도 귀찮아하지 않으시고 답변해주셔서 너무 감사드려요. 보미 님 ^^.